図解でわかる

はじめての株

いちばん最初に読む本

株メンター®
梶井広行

アニモ出版

はじめに

　この本は、儲かる株式投資を始めたい人のための**アクションガイド**です。

　株を始めることは簡単にできますが、儲からなければ始める意味がありません。儲けるには何をする必要があるか、株を「買う前」「買う時」「買った後」に分けて、アクション全体の流れを紹介していきます（右ページ参照。本書の構成もこれに準じています）。

　大切なのは、買った後です。

　実際に株を買うと多くの人はどうするか、そしてなぜ儲からないのか、その結末から逆に考えて、株を始める前に知っておくべき成功へのヒントを本書でまとめています。

　ポイントは右ページのとおりです。

　株式投資などのキャピタルゲイン投資では、投資した全員が儲かるわけではありません。また、もともと株式投資に向かない人もいます。それも本書を読めばわかります。

　私が経験で得た大切な知恵・工夫など、いままで他言してこなかった点にポイントを置いて、できるだけわかりやすくガイドしました。類書にはない内容と自負します。この本をきっかけに今後、ご自身で勉強してください。そのための参考図書なども紹介しました。

　健全な株式投資をするには、自分が自ら学ぶしかありません。他人に聞いたり、他人に任せてみても、健全な投資にはなりません。

　仮に、株式投資を始めなくても、株について学ぶことは、みなさんの人生にとって必ずやプラスになります。そして、この本こそが、株式投資を学ぶときに「いちばん最初に読む本」です。

2020年6月　　　　　　　　　　株メンター®　梶井　広行

本書の内容は、2020年6月20日現在の情報等にもとづいています。

◎株式投資の全体の流れ（本書の構成）◎

大切なのは買った後！ ◎が、勝つには特に大事。

買う前 投資の準備

基礎を知る　　　　　　投資とは
　　　　　　　　　　　株価、株式市場の性質

銘柄を決める　　　　　銘柄選択＝値段探し
　　　　　　　　　　　会社の調べ方
　　　　　　　　　　　バリュエーション、PER／PBR

◎ タイミングを決める　チャート

◎ 量を決める　　　　　資金配分

買う時

株を買うには

発注のしかた

買った後　最も大切！

日頃の株価チェック　サイト

◎ 損益管理　　　　　管理表
　　　　　　　　　　損切りルール

量・タイミングの管理　バリュエーション
　　　　　　　　　　　チャート
　　　　　　　　　　　資金配分

◎ 気持ちの管理　　　マインドコントロール

うまくなるには、どうすればいい？

練習　　　　　　　　ペーパー売買、リビュー

レベルアップ　　　　投資のコツ、目の付けどころ

図解でわかる はじめての株 いちばん最初に読む本

もくじ

はじめに

1章【イントロ編】

投資とは、株とは何か？

2章【基礎編】

株を始める前に最低限知っておくべきこと

株の基礎はシッカリ学びましょうね。

Contents

3章【買う前編】

決めることは、銘柄・タイミング・量の3つ

量については4章で解説しますね。

チャートは株をやるうえで不可欠です。

（**4**章）【買う時編】

株を買う手順と注文のしかた

Contents

5章【買った後編】

リスクコントロールと管理のしかた、売り方

買った後が最も大切です！

6章 【まとめ編】

株式投資で成功するためのコツ

Contents

本書で掲載している金融市場のチャートについては、利用の許諾をいただいたうえで、SBI証券ウェブサイトを用いて作成しています。

【SBI証券ウェブサイト】
https://site1.sbisec.co.jp/

カバーデザイン◎水野敬一
本文ＤＴＰ＆図版＆イラスト◎伊藤加寿美（一企画）

1章

【イントロ編】

投資とは、株とは何か?

株メンターです。どうぞ
よろしく。
メンターとは「相談相手」
の意味です。

私たち、株ビギナーです。
これから読者のみなさん
と一緒に株を学びます。
株メンター、よろしくね。

株メンター

株ビギナーの
初男(はつお)くん

株ビギナーの
初香(ういか)さん

1 そもそも投資は若いうちから 必要なの？

投資は若いうちから必要です！

　株式投資の話に入る前に、まず一般的な資産形成、投資について考えてみたいと思います。そもそも、資産形成を老若男女の誰もが始める必要などあるのでしょうか？

　はい、あります。

　人生100年時代、急速な高齢化の進む日本では年金が不足する一方で、寿命が伸びます。老後に2,000万円、あるいはそれ以上不足するといわれるいま、資産形成や健全な投資は誰にとっても不可欠です。

　でも、若い人の間ではこんな声をよく聞きます。「私はまだ若いから…」「まとまったお金なんてないし…」。資産形成は、本当に後回しでよいのでしょうか。きっかけもなく、日々忙しいので後回しにして…。そうして皆さん、いつの間にか壮年、老年になってしまい、慌てるのです。「お金が足りなくなるかもしれない」と。

　では、健全な投資には、お金はいくら必要なのでしょうか。また、お金さえあれば十分なのでしょうか。

投資に必要な資産とは

　投資に必要な資産は2つあります。

　1つはもちろん「お金」です。ただし、お金は少額でも、投資は始められます。1万円でもできます。最近は、本当に便利になりました。十分なお金がないから投資しない、と言い逃れできない時代となったのです。

　さて、投資に必要なもう1つの資産とは何でしょうか。それは「時間」です。

◎人生100年の時代！◎

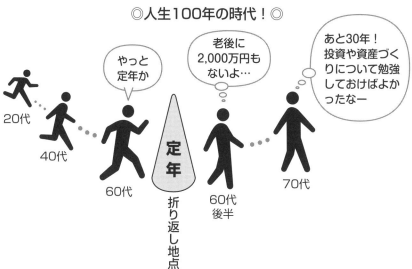

◎投資に必要な2つの資産◎

投資で成果をあげるには、必ず時間がかかります。時間がなければ、投資で成果は得られません。そして、時間が多いほど有利です。時間という資産の価値を十分に理解する必要があります。

10〜20歳台の若者で、お金持ちの人は少ないかもしれませんが、全員「時間持ち」です。この価値をキチンと自覚すべきです。

時間という資産をせっかく大量に持っているのに、これを活かさないのはもったいない。お金はうまく投資できれば増えたりしますが、時間は決して戻ってきません。時間はむしろ、お金より大事とさえいえます。

一方、70歳を迎えた人は、もう若くないし、いまさら株なんて、と思ってはいませんか。ご冗談を、いまからでも株を学んでみてください！

人生100年、あと30年ものチャンスがありうるのです（ただし、資産を持っている人が、一度にどっと買うのはいけません。長期投資を考え、タイミングも踏まえ、少しずつ取り組みましょう）。

あらためて思いますが、資産運用・投資とは、本来は義務教育で学ぶべき内容です。生きてゆくうえでどうしても必要なのですから。なぜ小中学校で投資の授業がないのでしょうね。

若いうちから投資を学び、お金をかけずに練習を始めてみることを、株メンターは教育者として強く勧めます。どなたにとっても、学ぶことは間違いなく人生にプラスです。

◎未来の小学校の時間割?!◎

時限	月	火	
1	国 語	…	
2	算 数	…	
3	理 科	…	
4	資 産運 用	…	

2 投資はリスクがあるからイヤ、という人に

🌱 銀行預金だってリスクゼロではない!?

　投資について、「投資はリスクがあるからイヤ」という声をよく聞きます。そのような人たちは、おそらく運用をせず銀行に預金をしているだけなのでしょう。それで安心しているのでしょう。でも、本当にそれで安心なのでしょうか。「銀行預金はリスクゼロ」というのは幻想にすぎません。完全にリスクゼロではないのです。

　いまは物価があまり動かない時代なので、イメージがわかないと思いますが、仮に少しでも物価が上がり、インフレ傾向になったらどうなるのでしょうか。銀行預金の額は変わりませんが、**インフレを加味した実質的価値は下がる**ことになるのです。

　インフレになれば金利も上がり、預金利息も少しは増えるでしょうが、そこは銀行なので利息の上がり方は微々たるものでしょう。つまり銀行預金には、物価上昇に弱いという特徴があるのです。

🌱 リスクのない投資などあり得ない

　では、「リスクのない資産の持ち方は何かないの？」と聞きたくなるかもしれません。でもそんなものは、ありません。リスクのまったくない投資などあり得ません。そんなムシのいい話はないのです。

　そもそも、リスクのまったくない人生など、ありますか？　あるわけないですよね。

　人生には、どのリスクを取るか、どうリスクと付き合うか、という選択肢しかないのです。リスクをすべて完全に回避できる方法などありません。投資、資産形成の場合もまったく同じです。

　まさに、"No risk, No life" です。

3

ひとくちに「投資」というけれど…

投資には２種類ある

　株メンターは、誰もが投資を始めたほうがよいと考えています。

　しかし、投資には２つの種類があり、みなさん全員が始めるべき投資と、みなさん全員が行なうべきではない投資があると思っています。

　具体的には、**インカムゲイン投資とキャピタルゲイン投資**です。

　これは厳密には私の造語ですが、みなさんすぐに理解していただけると思います。略して「インカム投資」と「キャピタル投資」です。

全員が取り組むべきインカム投資

　みなさん全員が取り組むべきは、インカム投資です。

　インカム投資とは、配当などのインカム（収入）を産む投資先を長期間保有することで、インカムリターンを着実に積み上げる投資です。

　誰でも学べば始められるし、ほぼ確実に投資成果が得られます。しかし、誰でもリターンが得られるハードルの低い投資なので、生まれるリターンも少額ずつです。だから、コツコツ続ける必要があります。

　リスクを取りたくない人に向いている投資スタイルです。

能力と適性が求められるキャピタル投資

　一方、キャピタル投資は、株式投資やＦＸなどが該当します。

　値動きを予想して当てにいくスタイルで、大きなキャピタルゲイン（値上がり益）を得ることも可能です。しかし、勉強してもみん

◎2種類の投資とは◎

インカムゲイン投資	キャピタルゲイン投資
（Ｊリート　等）	（株・FX　等）
●成果は少しずつ	●高い成果を狙える
●学べば、みな成果を得られる	●成果は約束されない
●長い時間が必要	●要能力・要練習（知識以外に）
●誰もが始めるべき	●自己管理が不可欠

この本ではキャピタルゲイン投資の工夫について解説します。

株メンター

ながリターンを得られるとは限りません。

　したがってこの本では、そのことを理解したうえで大きな可能性にトライしてみたいという人に、株式投資で成果をあげるための工夫について解説します。

　なお、インカムゲイン投資はどうすればよいか、についてはいずれまた別の機会にご紹介できればと思いますが、一言触れておくと、安定高配当な「Ｊリート」を活用することが有効だと考えています。

4 投資のリスクってコントロールできるの？

投資のリスクコントロールのしかた

　投資にはリスクがつきものです。でも、人生もまったく同じです。

　人生においてリスクがあるからといって、一生何もせずに終わる人がいるでしょうか。すべてのリスクを避けようとするのではなく、リスクとどう付き合うか、が大切なのだと思います。

　投資の場合、リスクとのつき合い方は、実は簡単です。リスクは自在にコントロールできます。えっ、どうやって…？

　投資のリスクは、**金額で**コントロールします。以上、それだけです。簡単です。

　ハイリスクだと思ったら、投資金額をわずかにすればいい。極端な話、超ハイリスクな投資先なら金額をゼロにすればいい、投資しなければいいだけです。

リスクコントロールの基本は分散投資

　もう１つのリスクコントロールの基本は、「１つのカゴにすべてを盛るな」です。１つの対象に一度に全財産を投じる、などは純粋なバクチ、投機です（ちなみに、多くの人が行なっている"ローンを組んで持ち家を買う"という行為は、１つの対象に一度に全財産以上の資金を投じる行為ですが、いかがでしょうか？）。

　そこで、「分散投資」が必要です。しかし、分散さえすればよいものでもありません。

　全体の金額をどう配分するか、さらに時期に応じてどう変更するか、がとても大切です。

　この当初の資金配分と、タイミングを勘案したうえで配分を変更すること、が投資の成果を決めます。

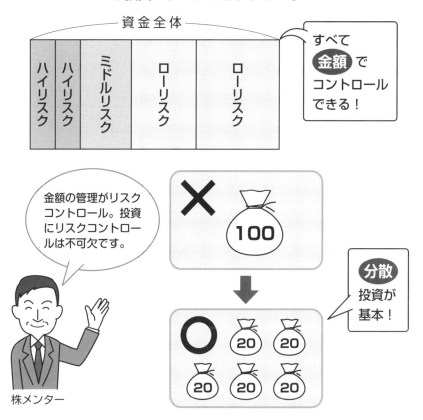

◎投資のリスクはどうする？◎

資金全体

ハイリスク｜ハイリスク｜ミドルリスク｜ローリスク｜ローリスク

すべて **金額** で コントロール できる！

金額の管理がリスクコントロール。投資にリスクコントロールは不可欠です。

株メンター

× 100

分散 投資が 基本！

○ 20 20 20 20 20

　前項で説明したこととの関係でいえば、リスクの大嫌いな人は、インカム投資100％でよいでしょうし、どうしても現金も持っていたいなら、インカム投資半分、現金半分でよいかもしれません。

　一方、少しリスクを取って高いリターンも狙いたいという人は、金額を決めて少額でキャピタル投資に挑戦することも可能です。経験がないなら、いきなり株などを買う前に、まずただでできる練習からするべきですが…。

　逆にいうと、**金額を管理できない人は投資では絶対成功しません。銘柄を当てるだけでは成功しないのです。**

　常に金額を管理できる人になりましょう。

5 株ってギャンブル？

投資か投機か

　ここからは、この本の本題である「株式投資」についてです。まず「株式投資ってギャンブルでは？」と思っている人はいますか。

　「**投資**」と似ている言葉に「**投機**」という言葉があります。投資とは、健全な資産形成に役立つ対象に資金を投じることで、一方、投機とは、根拠なくベットする（賭ける）こと、つまり運だめし、バクチにあたる行為です。

　では、株式投資は、投資と投機のどちらでしょうか。健全な投資か投機的行為かを区別するには、2つのポイントがあると思います。

　1つは、**商品性**の問題です。宝くじを考えてみましょう。宝くじを仮にすべて買うと、当たりで戻ってくる金額は半分以下といわれています。つまり、商品性の観点から、宝くじは誰がどうやっても健全な投資にはなり得ません。多く買うほど損する確率が上がります。宝くじは純粋な投機、バクチでしかないのです。

　もう1つは、**理解度**の問題です。株を知らない私の友人が私のマネをして株を始めたら、彼にとってその行為は投資といえるでしょうか。私が株を買うのは投資でも、彼にとっては健全な投資とはいえないはずです。彼は、自分が知らない対象に自分のお金を投じているのですから。

　金融機関や株の評論家のおススメに乗るのも、まったく同じです。自分がよく知らないものを、おススメだからといわれて調べずに買うのは、完全な投機、バクチです。なぜなら、その人は、投資先のことを知らないからです。

　自分のお金で自分が知らないものを買うのですか？　失敗しても他人は責任を取ってくれません。

◎株は投資? 投機?◎

 ≠ 株式投資は
ギャンブルではない!

他人からのおススメにただ乗りするのは ＝ 投 機

バクチ同然です!

どのロボアドに
しようかな?

ロボ
アド
ＡＩ

初男くん

それをどうやって見極
めるの? 投資先にリ
スクがあるかよりも、
まず学ばない自分にリ
スクはないのか、考え
てみてほしい。

株メンター

🥕 はやりのロボアドバイザーは?

　では、**ロボアドバイザー**（＝ロボアド。ＡＩによる運用サービス）
に任せている状態はどうでしょうか。まず、ロボアドの運用力はど
の程度なのでしょう。過去の長期にわたる運用実績がないものに資
金を投じて、本当に大丈夫なのでしょうか。

　ロボアドは、リーマンショックのような危機が来たら、うまく切
り抜けられるアルゴリズムを備えているのでしょうか。そんな危機
が来たら、他のＡＩと同様、ほとんど同時に一斉に投げ売り注文を
出すでしょう。他の優秀なＡＩに一瞬負ければ、場合によっては大
きな損が出ることも考えられるのではないでしょうか。すべてのＡ
Ｉがいつも等しく優秀で万能、ということはありません。

今後はＡＩ同士の競合にもなります。また、ＡＩは年々進化します。古いＡＩは新たなＡＩに劣るでしょう。ところが、運用で最も勝つのは最もよい値段で売買できる１つのＡＩだけです。ロボアドを提供する会社は、常に最新・最高のスペックのＡＩに更新し続けて運用してくれるのでしょうか。そんなことをしたら膨大なコストがかかるかもしれません。

　これまで、儲かるアルゴリズムを備えたといわれるシステム売買のプログラムは、何度も失敗を繰り返してきました。

　いまの時点で私は、特定のＡＩに運用を任せたくはありません。どんな危機でも優秀な成績で乗り越えるＡＩがあり、それが実際に何度も危機を好成績で乗り越えるのを目撃してから、任せることを考えても遅くないと思っています。どれがよいか選ぶのも大変そうですしね。

🌱 自分から学ぶことの大切さ

　健全な投資をするなら、自ら学ぶしかありません。他人に運用を任せられる人は、余裕のある人だと思います。他人に託して運用に失敗しても、自分の資金は戻らないからです。

　自ら学ぶからこそ、健全な投資を始めることができます。時間はかかっても、少しずつでも、学び始めましょう。自分に合う資産形成のしかたを学びましょう。

　無理にリスクを取ることを勧めているのではありません。とにかく株を、と誘っているわけでも決してありません。株をやらないほうがよい人、向かない人もいると思います。自分に合ったリスクで、資産形成のしかたを工夫することをお勧めしているのです。

　何歳になっても、自分で学ぶこと、自分が考えることから逃げてはいけません。この歳では面倒くさい、じゃありませんよ。自分のお金のことなのですから。

　資産形成のしかたを知らない自分、学ばない自分こそリスクなのです。

6 なぜ株を学ぶの？ 株式投資を学ぶ意味

🌱 株価は経済・マネーの目印

　私はすべてのみなさんに株を買うことをお勧めはしませんが、す べての人に株を学んでほしい、とは思います。役に立つからです。

　株価は、経済・マネーの世界の好不調の目印です。さらに、経済 の動向や企業の業績に対して先行性もあります。

　短期的にはフラフラと上下しますが、傾向として、トレンドとし て、株価がどう動いているかをとらえることができれば、とても便 利です。企業経営者なども、各企業の株価や株価指数を必ず熱心に 見ています。株価は、会社の将来や経済の先行きを見通すときに、 役に立つ重要な目印だからです。

　先のことを考える際に、アテになることは本当に少ないですよね。 役に立つ情報は簡単には得られません。株価以上に簡単で役立つ目 印、指標は、他にないのではないでしょうか。

🌱 株は学びがいがある

　株について深く学べば、「身を助く芸」を体得できるかもしれま せん。大きな資産形成につながるかもしれません。リアルな実経済 が対象なので、こんなに学びがいのあることは、他にそうないと思 います。学ぶことは明らかに人生にプラスです。焦らず、じっくり 学ぶというスタンスでも大いにけっこうです。

　お金がない、または株にお金を使いたくない人は、ゲーム感覚で ペーパー売買にトライしてみてはいかがでしょうか。投資資金を 1,000万円、仮に持っているとしたら何をいくら買うか、シミュレ ーションしてみるのです。3か月後・半年後に儲かっているでしょ うか？　トライしてみてください。お金は不要ですから。

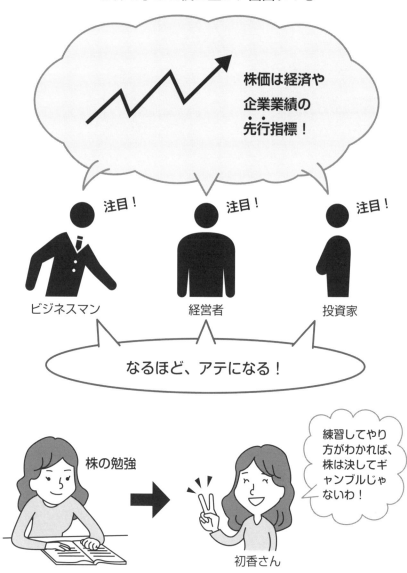

◎株を学ぶと役に立つ、面白い！◎

株価は経済や企業業績の **先行指標！**

注目！ 注目！ 注目！

ビジネスマン　経営者　投資家

なるほど、アテになる！

株の勉強

練習してやり方がわかれば、株は決してギャンブルじゃないわ！

初香さん

　実際に株式投資を始めなくても、株を学んでみましょう。人生が楽しくなると思います。株の学びは生き方に通じます。この本でみなさんと一緒に学んでいきましょう。

株メンターの経験談

私が株式投資を始めたのは、1989年の秋、日経平均が35,500円で史上最高値の3か月前、バブル破裂の直前です!(笑)

新人で株の運用の部署に配属され、新人なのに特金という小さなファンドをいきなり担当しました。まぁ、おめでたい時代でした。

その後3か月は上昇しましたが、1990年に入ると、いきなり急落が始まり、その後のバブル崩壊の大暴落のすべてを目の当たりにしました。その後も長い間、厳しい市場環境が続きましたが、不思議と株を嫌いにはなりませんでした。

株の世界は「難しいけど面白い」。天職に出会った、と思いました。

それ以降、株を学び続けて30年、面白いから学ぶ、わからないから、学ぶ日々です。

最初は、何がわからないのかもわかりません。何がわからないか、が具体的にわかることは、とても大切な学びのプロセスです。

学びを重ねて10年前後で、マクロもミクロもおおむね理解し、自分の見通しを立てることができるようになってきました。

運用者の気概を一番感じるのは、他人の受け売りが一切通用しないところです。自分で考えるしかありません。株の世界は、自分で考えずに他人の話を受け売りで話す人が本当に多いのです(笑)。

また、すぐに市場によって自分の見通しが正しいか否かを試されるところも面白いです。この世界は、誰もがみな間違えます。間違えて謙虚に学び直す者には改善の余地があり、直さない者、直せない者は消えていきます。

厳しく、シンプルな世界です。マーケットに真剣に向き合うほどに、運用とは修行だ、と思ったりします。「相場道」という言葉がありますが、本当にそのとおりです。能力の向上に限界はありません。私もいまだに自分の未熟さに呆れます。

7 この本の存在理由

何時間学んだらいいの？…

「何時間学んだら、株で儲けられるようになりますか？」と、たまに聞かれることがあります。私の答えは、「知識を頭に入れるのに何万時間費やしても、それだけで勝てるようにはなりません」です。

知識があれば勝てる、多くの本を読めば勝てる、いろんな会社をよく知っていれば勝てる、のでしょうか？

私は誤解している人が多いと感じています。銘柄や業界に詳しい多くのアナリストと、私は仕事で絶えずコミュニケーションを取っていましたが、推奨銘柄が当たるアナリストは多くはなく、だから私は当たる人しか、相手にしませんでした。どの世界でも、本物は少ない、ということでしょうか。

知っていることと当たることは、まったく別のことです。知識は、実際に使ってみて、役立つかどうかがわかります。知識を解釈し、それをもとにマーケットで動いてみないと、それが知恵・能力として自分のなかに蓄積されないと思います。

勝つためのポイント

株式投資は誰でも始められますが、勝つのは簡単ではありません。約8～9割の投資家が失敗するともいわれます。

ただしそれは、肝心なこと、儲ける（勝ちを負けより多くする）ためのポイントを事前に知らずに始めるからだと思います。

株で勝つためには、大事なポイントがあるのです！　それを紹介するために、私はこの本を書いています。だから、株式投資を始める際には、この本をいちばん最初に読んでほしいのです。

◎株で儲けるためにはどうしたらいい？◎

初男くん

株で儲けられるようになるためには、何時間勉強すればいいの？

何時間勉強しても、知識をインプットするだけでは無理です。

株メンター

えっ！　じゃあ、どうすればいいの？

だから、この本を書きました。成功するポイントを伝えるために！

　株式投資で成功するには何がポイントになるのか、を正しく理解してから売買を始めれば、こんなに多くの人が不幸な思いをせずにすむはずです。

株コラム
①

個人投資家の「投資の３大原則」

　本格的な株の話に入る前に、個人投資家が押さえるべき資産づくりの３大原則を紹介しましょう。100年人生に必要な資産を積立投資でつくる際の、最も基本とすべき考え方です。

❶「長期投資」

　個人投資家の大きなメリットとは、時間の制約がないことです。長期スパンで、生きている限り、投資を続けることができます。投資金額の配分によってリスクをコントロールしながら、ハイリスクの株にも挑戦することが可能になります。時間的な余裕があれば、キャピタル投資でもリスクを許容しやすくなります。

❷「複利効果」

　個人投資家の資産づくりでは、基本となるコア部分は低リスクのインカム投資、つまり利回り商品への投資で殖やすべきだと思います。そこで得られたインカムゲインを再投資し続けることで、複利効果を得ることができます。これを10年、20年と長期間続ければ、複利効果は累積的に拡大します。個人投資家は、この複利効果を最大限に享受すべきです。私は、インカム投資にはJリート投資が有効だと考えています。為替リスクもなく安定高利回りだからです。

❸「ドルコスト平均法」

　定期的に等金額を投資することです。毎回、投資金額を同額と決めておくことで、価格が下がれば株数（口数）を多めに買えることになり、安値で量を多く買えることになります。反対に、価格が上がれば、金額が一定なので株数（口数）は減ります。このように、そのつどタイミング判断をする必要がなく割安に買える点がメリットです。積立投資を行なう場合に、王道といわれる手法です。

2章

株を始める前に最低限
知っておくべきこと

株式投資を始めるにあたって、まず基礎を知ることが成功するための第一歩です。

はい。しっかり学ぶことにしますね。

株メンター

初香さん

8 株式会社とは、株式とは、株主とは何か？

株式会社とは

　株式会社とは、株式を発行して出資金（資本金）を出資者から集め、それを元手に営利事業を行なう会社のことです。株式会社は、事業で利益をあげた場合、その一部を配当として出資者である株主に還元します。

株式とは

　株式とは、株式会社が事業を行なうために、出資金（資本金）を集める際に発行する証券のことです。

　この証券は、東京証券取引所などに上場している場合、投資家により市場で売買が行なわれます。投資家の人気度に応じて、株式の市場価格である株価は上下するので、その先行きを見通して値上がり益を得ようとする行為が株式投資（キャピタルゲイン投資）です。

株主とは

　株主とは、株式会社の発行する株式を買った人です。つまり、株式会社への出資者であり、たとえ小口でも株式会社のオーナーということになります。

　株主は、以下の3つの権利（株主権）を有する、とされています。
- **議決権**…株主総会に参加して議決に加わる権利
- **利益配当請求権**…配当金などの利益分配を受け取る権利
- **残余財産分配請求権**…会社の解散などに際して、残った会社の資産を分配して受け取る権利

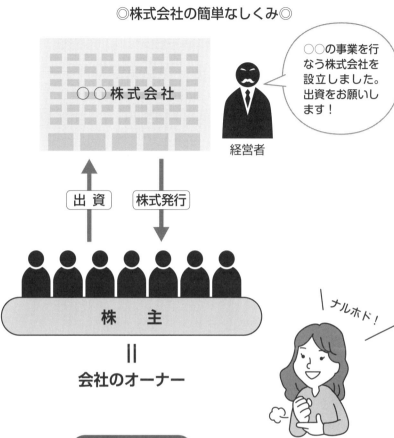

◎株式会社の簡単なしくみ◎

○○株式会社

○○の事業を行なう株式会社を設立しました。出資をお願いします！

経営者

出資　株式発行

株　主

＝

会社のオーナー

ナルホド！

株　主　権

① 議決権
（株主総会に参加できる）

② 利益配当請求権
（配当などを受け取れる）

③ 残余財産分配請求権
（解散時には財産の分配を請求できる）

2 章

【基礎編】　株を始める前に最低限知っておくべきこと

株価が経済活動に与える影響

🥕 株価の資産効果、逆資産効果

株価が上がると、気分も上がり、景気は盛り上がります。逆に、株価急落となれば、気分も下がり、景気は悪化します。

景気の「気」は気分の気、すなわち景気マインドは株価の影響を受けています。

株価や不動産などの資産価格の上昇（下落）が、マインドの変化を通じて個人消費を動かし、経済全体に影響を与えることを、「資産効果」（下落の場合は「逆資産効果」）といいます。

🥕 株価の資産効果が成長を支えるアメリカ経済

アメリカでは、個人は資産の4〜5割を株で保有しているといわれます。アメリカ株が上昇トレンドで資産が増え続けていれば、当然、財布のヒモも緩むわけです。

アメリカ経済は、株の資産効果が端的に表われている好例です。

株価が上がれば、資産効果で個人消費が非常に活発になり、サービス業などの非製造業に対する需要を高めます。

アメリカのGDP（国内総生産）の8割以上は非製造業ですから、製造業が多めの日本、ドイツや中国とは異なり、株価が高ければGDP成長の勢いが維持されやすいのです。

アメリカのGDPはある意味、株価次第といえると思います。トランプ大統領が株価を非常に気にするのも、よくわかります。

足元のコロナウイルス感染が株価にどう影響するか、今後気になるところです。

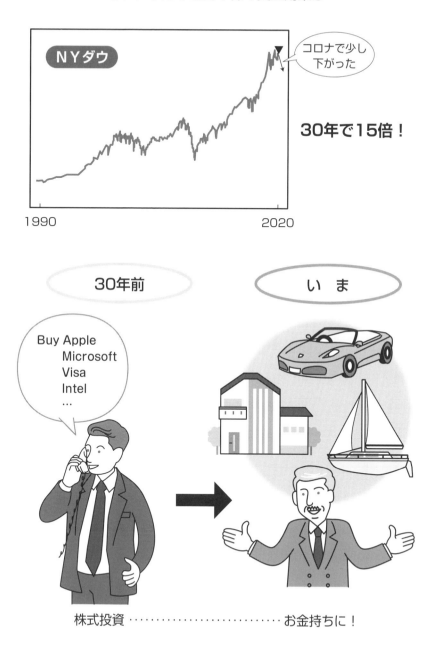

◎アメリカの場合の株の資産効果◎

NYダウ

コロナで少し下がった

30年で15倍！

1990　　　　2020

30年前　　　　　　　　いま

Buy Apple
Microsoft
Visa
Intel
...

株式投資 ‥‥‥‥‥‥‥‥‥‥‥‥‥‥‥ お金持ちに！

10 株価の性質とは

株価って、会社の業績で決まるの？

　株価について、さらに深く考えてみたいと思います。株式投資、つまり安く買って高く売ることをめざす投資家は、株価がなぜ動くのかについて、よくよく正確に知っておかなければなりません。

　前項までは少し大づかみに話してきましたが、ここではどんな要因が株価を動かすのか、きちんと正しく理解しましょう。

　よくいわれることですが、株価はその会社の業績の将来性を反映するといわれています。しかし、本当に株価は業績だけで決まるのでしょうか。正確にいうと、違うと思います。

投資家の業績に対する期待が株価を動かす

　株価は、たしかにその会社の業績見通しを反映しますが、会社の業績見通しが株価を決める、というのは正確な表現ではありません。

　正確には、株価は「業績に対して投資家が抱く期待、気持ち、心理」が変化することによって、動くのです。

　つまり、**業績が動くことで株価が動くのではなく、投資家の業績に対する期待、心理が動くことで株価が動く**のです。

　たとえば、「あっ、いままでの予想に比べて、今期の予想利益はこのぶんだと大きく上方修正されそうだ」と、多くの投資家が期待するようになると、その株を買う人が増え、株価が上がるのです。

　利益が増益となっても、「事前の予想並みの増え方だ」と投資家がみなそう思えば、業績好調でも株価は動かないのです。

　業界の言葉でいえば、株価は、従来の業績予想に対しポジティブサプライズとなるようなら上がり、ネガティブサプライズなら下がる、ということです。

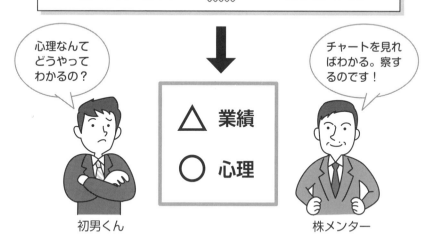

株価は、日々ふわふわ上がったり下がったりしますね。会社には何ら変化がなくても、毎日フラフラ動く。それは、業績予想が動いているのではなく、投資家の期待、気持ちがフラフラしているからです。業績そのものではなく、気持ち・心理が株価を動かす、ということを理解しておくのは、株式投資を考えるうえできわめて大切なことです。

つまり、株価の動きをとらえるためには、投資家の期待・心理を知らなければならない、ということになるのです。

"えー、人の気持ちなんてわからないよ！"と思いますね。気持ちなんて、はっきりしないし、日々瞬間瞬間で揺れ動くものですから、どの程度動いたか、正確に数値化して知ることなどできません。

でも、そんな株価を株式投資では売買するのです。であれば、投資家心理を察する手がかりがほしいですね。そんなもの、あるのでしょうか。あります。投資家心理を察することのできる唯一の方法とは、「チャート」です。詳細は、3章で詳しく説明します。

11 株式市場の性質とは

🌱 株価はなぜきれいなトレンドを描くのか

　株価や株式市場の風変わりな性質について、みなさんはご存じでしょうか。

　株価の値動きは、アトランダムに動いているように見えて、でも実はきれいなトレンド線に支えられていたりします。株価の下値同士を線で結ぶと真っすぐの一直線が引けて、その後もその線の上を、波動を描きながら上昇するといったことがよくあります。

　というか、不思議なくらい一定の傾向に沿って、株価はきれいに動いたりします。あるレンジの範囲内を上下したり、レンジを抜けるとトレンドを形成しながら位置を変え、トレンドが終わるとそこでまた新たなレンジをつくる、などです。逆にいえば、とても不自然、ともいえます。

　実はこの傾向は、株式市場がある特別なシステムであるために起きていると考えられています。

🌱 株式市場は複雑系

　株式市場は複雑系（コンプレックスシステム）と呼ばれるシステムだといわれています。他の金融市場、為替市場や債券市場なども同様です。

　このような複雑系の例としては、銀河系、生態系、人体などがあります。そう、人体も複雑系というシステムです。

　この系（システム）の特徴は、構成要素が「同調」と「フィードバック」を繰り返しつつ自然とトレンドを形成し、系が自発的にそのトレンドに沿って進化する、ということです。

　このように、自然とトレンドを形成し、自発的に進化する過程は

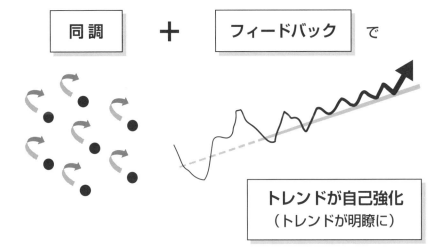

「自己組織化」と呼ばれています。たとえば、生態系の進化を考えると、いろいろな生き物がいて、どれかがリーダーとして進化を主導するわけでもないのに系全体として進化しています。

　人体の場合は、特定の細胞が主導するわけでもないのに、細胞同士が寄り集まって心臓とか肺などの組織・器官を自発的に形成し、さらに器官同士が同調しながら１つの人体としての機能を高めるように進化し、その進化が各要素にフィードバックされることで継続的に成長していくのです。

株式市場でも、各投資家が自由に売買するわけですが、投資家同士が時に同調してトレンドを形成し、そのトレンドが投資家にフィードバックされ、多くの投資家を巻き込んでさらにトレンドが自己強化されて限界（臨界）まで続く、ということです。

投資家は株式市場の性質を活かすべき

　ところで、このトレンドが生じる最初のきっかけは何なのでしょうか。複雑系を支えるカオス理論のなかでは、このトレンドのきっかけは「創発現象」といわれていますが、その現象の中身は、実はなんでもよい、といわれています。

　その後、各要素に「同調現象」が起こるきっかけさえ与えられれば、創発現象はどんなことでもかまわない、ということです。

　株でいえば、業績発表などがトレンドのきっかけとなりやすいですが、実はなんでもいいのです。創発現象に同調する投資家が多くいれば、トレンドは発生し得るということです。

　したがって、われわれ投資家は、この株式市場の持つ性質を最大限に活かすしかありません。

　つまり、トレンドの最初の時期の創発現象、すなわち**トレンドの発生＝「放れ」に「付く」**ことが大切なのです。

　チャートを見るときには、この**「放れ」**を探すことに最大限注力してください。大きなトレンドを初動から見つけられれば、大儲けもあるかもしれません。

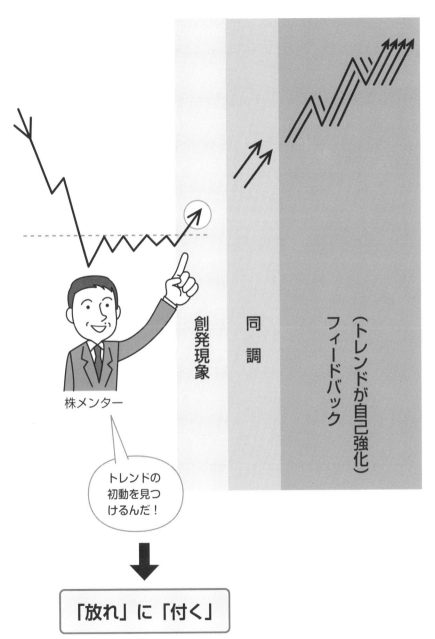

株メンター

トレンドの初動を見つけるんだ！

創発現象

同調

（トレンドが自己強化）フィードバック

「放れ」に「付く」

12 株式市場全体の見方

市場全体の株価の方向をまず考える

株式投資を始めるには、まず市場全体の値動きを知る必要があります。個別銘柄の株価を見る時でも、その銘柄だけ見ればよいわけではありません。市場全体に与えるプラス・マイナスの要因があって、それを受けてまず全体的に株価が動き、さらにその銘柄固有の要因で株価が動くからです。

個々の会社には日々変化がなくても、株価は毎日、上下します。それは、市場全体を動かす要因の影響を受けているからです。

各種の株式市場指数

株式市場全体の動きを表わす株価指数の代表は「日経平均」と「TOPIX（東証株価指数）」です。

また、中小型銘柄中心の新興市場指数として「日経JASDAQ平均」や「東証マザーズ指数」などもあります。

日経平均は代表指数だが、歪みも

日経平均は市場指数として最も有名ですが、東証1部上場225銘柄の株価を単純合算した指数です。したがって、単価の高い銘柄、たとえばファーストリテイリングや東京エレクトロン、ファナックなどの高株価の銘柄の動きに指数が左右されやすいという難点もあります。

一方でTOPIXは、東証1部全銘柄の値動きを時価総額の大きさに応じてウェイト付けした指数で、市場の実態を最も正確に表わす指数です。

◎同時期の株式市場指数比較◎

（2017.4〜2020.4）

「TOPIX」週足

市場の実勢を表わす
（ダウントレンド）

「日経平均」週足

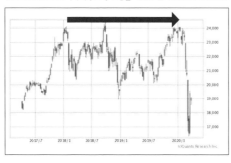

値がさ株の影響大
（トリプルトップ）

（SBI証券サイトより）

必ずTOPIXで市場の実勢を確認する

　近年では、先物を扱う大手投資家等の影響で、日経平均の動きが歪んでいることが指摘されています。たとえば、彼らが買い上げることを狙う場合、日経平均の先物を買うと同時に、日経平均採用の高株価銘柄だけを狙って買うことで、日経平均自体を引っ張り上げる、といったことが行なわれているようです。

　このように、日経平均は市場の実勢と違う動きをすることもあります。この歪みを越えて市場を正しく見るためには、TOPIXをキチンと見る必要があるといえます。チャートで市場のトレンドを見る時などは、必ずTOPIXのチャートで確認してください。

13 株式市場全体を動かすマクロ要因 ①金利

🌱 5つのマクロ要因

株式市場全体を動かすマクロ環境要因には、次の5つがあります。以下、順に詳しく見ていきましょう。

> ①金　利　　②業　績　　③為　替
>
> ④株式需給　　⑤政治ほか

株式市場を含む金融市場の値動きを考える際に、最も重要な要因は「金利」です。金融市場の値動きをみる時は、マネーの流れを最も重視する必要があるからです。

金利がマネーの流れる方向を決めます。

🌱 株式市場を支配する金利

金融市場には、「株式市場」のほかに「債券市場」「為替市場」「商品市場」の計4つがあります。

金利とはマネーの手数料であり、**金利が金融市場の間のマネーの流れる方向を決めます**。

たとえば、金利が高ければ利子で高利回りが確保できるので、株式市場等から債券市場へマネーが流れ、一方、低金利の際は、債券で運用しても利回りが低いので、リスクを取って株式などに投資する投資家が増え、債券市場から株式市場や商品市場にマネーが流れます。

このように、金利の変化により金融市場の間のマネーの流れが決まることを「**金利選好**」または「**金利裁定**」と呼びます。

したがって、株式市場を含む金融市場は、基本的に金利の動きに

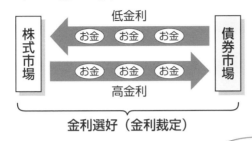

◎金利の重要性◎

金利 …マネーの流れを決める

低金利

株式市場 ← お金 お金 お金 債券市場

お金 お金 お金 →

高金利

金利選好（金利裁定）

日銀 …金利を決める

日銀総裁

金利を決める日銀総裁ってやっぱり偉いなぁ。だからＴＶにあれだけ出るのね。

初香さん

支配されているといっても過言ではありません。

　これは、金融市場を考える際の大原則です。しっかりと頭に入れておきましょう。

金利は誰が決める？

　では、金利はどう決まるのでしょうか。金利を決めているのは誰ですか。答は、日本では「日銀」です。

　各国の中央銀行がその国の金利の方向性を決めています。中央銀行の金融政策によって金利は動くのです。

　金融政策の手段はおもに２つです。１つは「**金利を動かす**」、もう１つは「**マネーの量を増減させる**」というものです。

　中央銀行は、経済が低調ならば政策金利を下げたり、マネーの量を増やす金融緩和策によって経済を盛り上げます。一方、経済が非常に好調で物価も上昇し過熱感が出てきたら、金融引締め策、つま

り政策金利を上げたりマネーの量を減らしたりして、経済の過熱や物価の上昇を押さえます。

　このように、中央銀行の金融政策が金利の方向を決め、株価だけでなく経済の方向にも大きな影響を与えているのです。

　だから、ニュースでも日銀黒田総裁のコメントがしょっちゅう取り上げられ、金融政策について微妙なニュアンスまで細かい解説が行なわれたりするのです。金融市場や経済への影響がそれだけ大きいので、注目度も高いわけです。

🌱 マイナス金利という特殊事情の日本

　ところで近年、日本やヨーロッパはゼロ金利、マイナス金利です。日本では、物価の上がらないデフレ経済が20年も続き、それに伴い金利も極端な低水準が長く続いています。経済が力不足のため、非常に低い金利を続けざるを得ないのです。

　マイナス金利とはある意味、異常な状態、つまり、お金を借りた人が利子を払うのではなく、利子をもらうことができる状態で、経済的にも問題・弊害があります。

　運用利回りが低くなる年金では、財政が悪化し、また銀行なども貸出の利ザヤが稼げずに業績が悪化します。よって金融政策で経済を元気にしたくても、どんどんマイナス金利を深掘りするわけにもいかず、政策金利は下げにくくなっています。

　このように、日本やヨーロッパでは、目下マイナス金利の状態で、金利に下方硬直性がある特殊事情のなか、中央銀行は、金利を自由に大きく動かしづらい状況が続いているといえます。

　特に、金利の変化が少ない時代が長く続く日本では、金利変化が金融市場に影響を与える場面を目の当たりにすることが少なく、近年は金利の重要性を感じにくいともいえます。

　この点が、まだマイナス金利には至っていないアメリカとは対照的です。アメリカでは、経済の強さに応じて金融政策が動けばビビッドに金利が変化できる市場でした。

◎日本の10年国債の利回りの推移◎

10年前でも1％ぐらい
しかなかったのか。

（2010.4〜2020.4／SBI証券サイトより）

マイナス金利って、
お金を借りて逆に利
子をもらえるんだね。
変なの…

ほんと、その
とおりですね。

初男くん　　　　　　　　　　　　株メンター

　しかし、足元のコロナショックでそのアメリカでも政策金利をゼロ付近にまで下げざるを得なくなり、日本のような状態になりつつあります。

　金融市場が極限までグローバル化して一本化した現在、世界経済の中心であるアメリカの金融政策の影響力はきわめて大きいです。金融政策の柔軟性に欠ける日欧と比べて政策の自由度が高かったのですが、もし世界の主要国がみなマイナス金利となれば、世界的に中央銀行の金融政策自体が、経済・株価をコントロールする力を失うことにもなりかねません。

14

株式市場全体を動かすマクロ要因
②業績

株価は企業業績を反映する

　株式市場全体を動かす要因としては、上場企業の業績も重要です。株価は、企業の業績動向を反映するとよくいわれます。

　一般に、好業績で利益が成長すれば株価は上がり、業績が悪化し減益になれば下がるといわれています。

　ただし株価は、実際の業績変化にかなり先行して動くといわれ（半年〜9か月）、連動していないと感じられることもある点には注意が必要です。

　日本企業の決算は3月締めが多く、その情報は四半期に1回発表されるので、決算発表の始まる1、4、7、10月にはその内容に市場の注目が集まります。

「金利」vs.「業績」

　株価を動かす金利と業績ですが、その力はどちらのほうが強いのでしょうか。

　誤解されがちのようですが、正解は金利です。

　業績が低調でも金融緩和策が実施されていれば、マネーは株へ流れます。これは「不景気の株高」などと呼ばれ、たとえば2019年はこれに近い状況でした。

　逆に、業績が好調でも金利が高い水準ならば、株式市場には多くのマネーが流れません。株価は業績次第とよくいわれ、実際に短期的には業績発表を受けて反応しますが、相場の水準に全体として、より大きな影響を与えているのは、金利です。

　金利が株式市場の水準を大きく規定し、その範囲で個別業績に応じて株価が動く、というイメージです（右ページ図を参照）。

◎金利と業績の株価への影響（イメージ図）◎

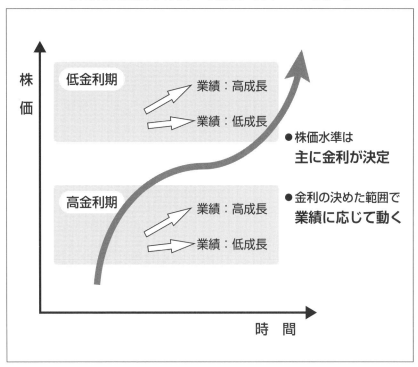

株式市場を見る時には、忘れてはならない重要な認識です。「**金利＞業績**」が基本ですから、覚えておいてください。

15

株式市場全体を動かすマクロ要因 ③為替

🌱 円安なら株高に

　続いて、株価と為替の関係を見てみましょう。

　円安になると日本の株価は上がりますか、下がりますか。上がりますね。なぜでしょうか。

　東証１部の上場企業には、自動車、電子部品、機械など輸出産業の大企業が多いからです。近年では、株価指数と為替相場は非常に連動性が高い状態が続いています。

　一方、中小型のジャスダック市場、マザーズ市場等では、１部市場ほど為替の影響を受けません。新興中小企業は、ＩＴ、サービス、小売等の内需サービス業が比較的多いためです。

🌱 有事の円高、リスクオフは円高

　為替について知っておくべきことがあります。世界の金融市場でリスクが高まった時（リスクオフの時）、また地政学上の有事などの場合、現状では為替は円高になりやすい、ということです。マーケットがリスクオフの局面では円高になります。

　でも、なぜでしょうか。それは、**日本が債権国**だからです。債権国とは、過去の対外収支の累計が黒字の国のことで、逆に累計すると赤字の国を債務国といいます（右ページのグラフでは、債権国＝対外純資産がプラスの国、債務国＝対外純資産がマイナスの国です）。

　日本は、実は世界一の債権国です。輸出立国の日本は過去、経常収支で貿易黒字を長期間大量に稼いできました。市場でリスクが高まると、高齢化や国家財政の大赤字を理由に、円が大幅安になることを心配する人がいますが、円安にならないのはこれが理由です。

　日本には問題もありますが、対外債権・債務のバランスからすれ

◎日本株と為替の関係◎

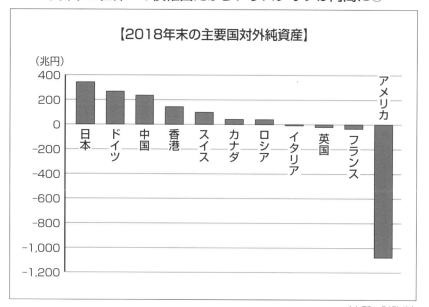

| 円安 | ➡ | 株高 |
| 円高 | ➡ | 株安 |

◎日本は世界一の債権国だから、リスクオフは円高に◎

【2018年末の主要国対外純資産】

(兆円)

日本、ドイツ、中国、香港、スイス、カナダ、ロシア、イタリア、英国、フランス、アメリカ

(出所：財務省)

ば世界一安心できる国です。だからリスクが高まると、世界のマネーが「円」に逃げて来るのです。

　為替は、自国の事情だけでは決まりません。双方の国力の相対格差が反映されます。相手国が自国より厳しい状況なら、自国に問題があっても通貨高となります。あくまでも、相手国との相対比較でしかないのです。相手国のこともよく知るように努めましょう。

16 株式市場全体を動かすマクロ要因 ④投資家の売買動向（株式需給）

株式市場を動かすのは海外投資家!?

　次にあげるのは、各投資家の売買動向、つまり株式需給といわれる要因です。

　日本の株式市場は海外投資家の影響力がきわめて大きい市場です。海外勢が市場の売買代金の5〜7割を占めています。したがって、海外勢の日本株への投資意欲やスタンスが市場を直接左右します。

　投資主体としては、個人や年金、金融法人（金融機関）、事業法人（事業会社）も売買をしていますが、いまや完全に海外勢主導の市場となりました。

　また、日本株は輸出産業のウェイトが高く、"世界の景気敏感株"との認識が海外でも広く浸透しています。したがって、世界景気の好・不況に敏感に反応して、投資資金が大きく流入、流出する傾向があります。

　なお近年では、100兆円を超える日本の年金基金（GPIF：年金積立金管理運用独立行政法人）が市況等に応じて約25%程度の株式の組入れ比率を変更するため、その動向にも注目が集まっています。

◎日本株市場は海外投資家の影響力が大きい◎

海外投資家

機関投資家

個人投資家

17 株式市場全体を動かすマクロ要因 ⑤政治ほか外部環境

🖐 大統領のツイートが株価に影響する！

　近年、政治が市場に与える影響がとても大きくなっています。最近では、政治家の一挙手一投足が、短期的にも株式市場を振り回すことが多いです。

　その代表が、言わずと知れたトランプ米大統領のツイート外交です。たとえば、アメリカの関税政策は、世界の景気、株価に大きな影響を与えるため、彼のツイートに毎回、市場の目が注がれるようになってしまいました。

　政治家が金融・経済の方向性を決める現場に過度に直接介入してくる劇場型政治は、最近のアメリカに限らず、複数の国で見られる現象となっており、このような傾向は、株式市場の不確実性を一段と高めています。

◎アメリカの株価引き上げの背景◎

Keep America Great！
利下げ、利下げ！

そんたく、そんたく…

米大統領

FRB議長

18 市場指数の見通しを立てるには

「EPS×PER」に分解する

「市場指数の見通しを立てるには」とタイトルにしましたが、簡単に見通せるとは思いません。しかし、見通しを立てる場合の方法についてはお伝えできます。

一般に、株価は次の2つの要素に分解できます。

> 株価 ＝ 1株当たり利益 × （株価／1株当たり利益）
> 株価 ＝ EPS（1株当たり利益）× PER（株価収益率）

市場指数も同じように分解できます。

日経平均やTOPIXのPERは、日経新聞のマーケット面等で確認できるので、「指数÷PER」でEPSを求めることができます（市場指数のEPSは発表されません）。

なお、PERについて詳しくは73ページをご参照ください。

たとえば、来期の日経平均の想定は？

たとえば、足元（調べる時現在）の日経平均が18,000円で、PER12倍ならEPSは1,500円（＝18,000円÷12）です。

来期の日経平均を見通すときに、来期の業績予想が5％の増益想定なら「1,500円×1.05」で1,575円、そしてPERが過去平均の12〜14倍の上限である14倍まで買われると想定すると、来期の日経平均は最大で22,050円まで想定可能、となります。

つまり、来期の日経平均の想定の上限は、「（1,500円×1.05）×14倍＝22,050円」ということです。

これをまとめると、次のようになります。

◎日経平均の見通しの立て方◎

$$日経平均 \ = \ EPS \ \times \ PER$$

（1株当たり利益）　　（株価収益率）

＜例＞

18,000円 ＝ 1,500円（1株当たり利益）× 12倍（株価収益率）

来期の前提

- ●EPS…＋5％
- ●PER…14倍（過去レンジの上限）

すると、日経平均の来期想定の上限は、次のとおり。

22,050円 ＝ （1,500×1.05）円 × 14倍

- ●足元の日経平均18,000円＝EPS1,500円×PER12倍
- ●来期の日経平均22,050円＝EPS1,575円×PER14倍（予想）

株価収益率PERと益回り

「PER＝株価／1株当たり利益」ですが、分子と分母を逆にしたもの、つまり、「1株当たり利益／株価」のことを「**益回り**」といいます。

益回り ＝ 1株当たり利益 ÷ 株価

この益回りとは、会社の稼ぐ利益水準に対して株式市場が要求する利回りのことで、金融市場においては金利と比較されます。

たとえば高金利時代では、より高い益回りが株価に求められます。そうでなければ、リスクの高い株に投資する意味がない、ということです。これは、高い益回り、つまり低株価しか許容されない、ということです。

　株価が高くなることは低益回りになってしまうので、市場に許容されません。だから、「金利が上がると株価は下がる」というわけです。

　このように、低金利なら高ＰＥＲが許容され、高金利なら低ＰＥＲが求められる、つまり、株価のあるべき水準はその時の金利の影響を受ける、ということです。

🌱 株価予想の難しさはＰＥＲ想定の難しさ

　将来の株価をイメージするときに、将来の１株当たり利益は業績予想等を参考に、前提を置けばある程度イメージできることもあります。しかし、やっかいなのはＰＥＲの将来想定です。

　将来の金利水準も影響するし、もちろん投資家の期待がどこまで乗るか、もＰＥＲに影響します。将来の株価がどうなるかが想定しづらいのは、ＰＥＲの具体的な将来像がはっきりしないから、といえます。厳密な基準は、ないのです。〜倍以上は割高、〜倍以下なら絶対買うべき、などと常に当てはまる基準はありません。

　上記との関連でいえば、金利環境への期待により妥当なＰＥＲの水準は絶えず変化しているともいえるでしょう。だから、株価はフラフラ動き、場合によっては行き過ぎるのです。

　ただし、大まかな目安を考える時は、このようにすれば、具体的に数値でイメージすることができて便利です。

　上記の例で、来期の増益は難しく仮に買われてもＰＥＲ13倍までだとしたら、来期の日経平均は、

　「19,500円＝ＥＰＳ1,500円×ＰＥＲ13倍」

と、具体的に目標値をイメージすることができます。

想定のしかた

- 1株当たり利益…業績予想などを参考に想定
- ＰＥＲ……………想定は難しい（過去のレンジなどを参考に）

想定の使い方

シナリオ別に計算してみる

少し控えめな前提

- ＥＰＳ…＋0％
- ＰＥＲ…13倍（レンジの中間）

すると、
19,500円 ＝ 1,500円 × 1.0 × 13倍

厳しい前提

- ＥＰＳ…－10％
- ＰＥＲ…12倍

すると、
16,200円 ＝ 1,500円 × 0.9 × 12倍

会社の調べ方
①心得

🔔 何屋さんかわからない会社は買わない

この項からは、いよいよ株式投資の本題である「会社の調べ方」について説明します。さて、どの会社を調べましょうか。

株価は、会社の利益に先行して動くので、株式投資では**将来の会社の利益見通しを知る**ことを第一の目的として会社を調べます。

ただし、会社をキチンと知ることは意外に簡単ではありません。何を売って、どう儲けているのか、利益の源泉やビジネスモデルなどは、調べてもよくわからない会社もあります。時には、会社に直接取材して聞いてもよくわからないし、また詳しいことは教えてもらえないことすらあります。

よくわからない会社の株は買わない。これが鉄則です。

どうなれば儲かるのか、何で儲かるのか、要するに何屋さんかがよくわからない会社は、よさそうでも手を出さないことです。まず最初に、それを見極めます。

会社の売る製品・サービスのなかには、売れても利益に貢献しないもの（コストがかかり過ぎるもの）などもあるのです。つまり、売上が増えれば肝心の利益も必ず増える、とは限らないのです。「○○」が売れているからこの会社は買い、などと簡単に飛びつくと痛い目にあいます。

収益構造、あるいは儲かる製品・サービスなどがある程度理解できる会社に投資しましょう。

ちなみに、すべての製品の利益率が正確にわかることなどまずないです。会社側も外部には教えません。

◎調べる会社の選び方◎

調べる対象の会社をどう選んだらよいか？

まず最初に、次のことをチェック。

● その会社は何屋さんか？

● 何で儲けている会社か？（どんな事業？／どんな商品？）

これがよくわからなければ買わない！

意外とよくわからない
会社って多いものです。
わかる会社だけを買い
ましょう！

株メンター

20

会社の調べ方
②決算書の見方

会社の業績は数値で把握する

　会社を調べるには、どんな資産を使って、どのくらい儲けたかを数値で具体的に知る必要があります。つまり、それがわかる会社の決算資料（決算書）を理解する必要があるわけです。

　決算書といわれるものはいくつかありますが、企業会計の基本となる、以下の2つの決算書は特に重要です。この2つの決算資料を見れば、どんな会社でもその期中に何をしてどうなったか、財務的な面からきちんと把握できます。

【損益計算書】（PL：profit & loss statement）

　会社が1年でどれだけのコストをかけて売上を計上し、差引して利益が残せたか、を示した決算書です。

　株式投資では、将来に会社がどれだけの利益を稼ぎそうか、という利益見通しが最も大切ですが、そのためには過去にどう稼いできたかをこの損益計算書（PL）で知る必要があります。

　まずは、損益計算書の理解が会社を知るための第一ステップです。

【貸借対照表】（BS：balance sheet）

　決算期末の時点で、会社が売上を計上するためにどんな資産を持って活用しているか、資産の保有状態を示した決算書です。

　貸借対照表（BS）は左右に分かれており、左側の資産の部では資産の保有明細、右側の負債・純資産の部ではその資産を買った時のお金の調達方法が書かれています。

　具体的には、BSの左には事業で使う機械設備が○万円、保有する土地が○万円などと記載され、右には資産の調達のために、短期

◎２つの決算書（財務諸表）のしくみ◎

損益計算書

```
      PL
────────────
＋  売上

－  コスト

────────────
    利益
```

貸借対照表

```
      BS
───────────────
資産の部 │ 負債の部
         │
         │
         │──────────
         │ 純資産の部
```

期中の営業状況
がわかる！

期末の資産内容
がわかる！

の銀行借入れが〇万円、社債の発行が〇万円、過去の利益の蓄積で
ある利益剰余金が〇万円などと記載されています。

21 会社の調べ方
③見るべき資料

どんな資料が役に立つか

会社を調べる際には以下の資料等が役に立つでしょう。

【会社四季報】

会社四季報は、必要な情報がビッチリ書いてある株式投資のバイブルです。株式投資を本気で始めるなら、これだけは買わなければなりません。必ず購入して会社の中身を見ましょう。投資のプロも必ず見ます。

巻頭に見方を説明したページもあるので、それに沿って見ていきましょう。

【企業のホームページ】

どんな会社かを知る際に大いに参考になるのが、その会社のホームページです。会社の事業内容や主力製品・商品等が紹介されています。

経営方針や経営戦略、具体的な将来の業績目標などが記載されている場合もあります。

【決算短信】

決算発表時にリリースされる資料で、決算内容やＰＬ、ＢＳが記載されています。企業の財務分析の基礎資料です。

【決算説明会資料】

決算発表後、投資家向けの決算説明会で配布される資料で、会社の中身が最も詳細にわかりやすく説明された有用な資料です。決算

◎投資先を知るうえで参考になる資料◎

内容とその分析、ＰＬやＢＳも記載されています。

　これは、会社から発信される資料のなかで、決算短信と並んで投資家にとって最も重要な資料です。最近は、ほとんどの上場企業で決算ごとにリリースされます。

　会社のホームページのなかにあるＩＲ（インベスターリレーション）情報等のページからダウンロードできます。投資する前に必ず参照しましょう。

　しかし、決算説明会資料には１つ注意点があります。それは、会社が自ら投資家用にまとめた資料だということです。つまり、会社側が投資家にアピールしたいことは強調して書かれている反面、そうでない内容、ネガティブな事柄等は記載されないことがある、ということです。

　参考にする場合は、その点には注意する必要があります。

22 会社の調べ方 ④業績の見方・目のつけ方

業績と株価の関係

株式投資において、会社を調べる時に最も注目されるのは利益の動向です。特に、今後の利益予想に注目が集まります。株価は、会社の利益に6〜9か月も先行して動くといわれるからです。

先行して動く株価のその先を予想するのは大変で、予想してもなかなか当たりません。ただし、利益予想の幅を数値で具体的にイメージできれば、株価の見通しをイメージする際にも便利です。

なお、その年の業績予想は会社側から発表され、業績好調なら期中にその予想が上方修正されたりします。

目のつけ方…バリュースタイル

利益成長が続くと株価は買われ、時に割高な水準まで上昇します。逆に、減益になると株価は大きく売り込まれたりします。

株式投資では、割安な低い株価で買うことがまず何より重要なので、目のつけ方としては、いま業績が好調な会社よりも、現在イマイチの業績でも将来に利益回復が見込める会社で、その可能性が高く、さらに回復幅が大きい会社に着目したいところです。

業績が振るわない会社にも目をつけ、会社の価値に比べ割安な株価の時に投資し、業績が改善するところを狙う投資スタイルを「バリュースタイル」といいます。株メンターが志向する投資スタイルです。

これをうまく見つければ、株価の変化も大きくなります。極端な例では、いまは赤字だが将来、黒字に転換しそうな会社なら、投資妙味が大きいと思います。

◎株価は利益の動きに先行する◎

（株価と利益の関係のイメージ図）

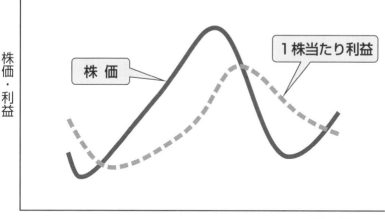

株価・利益

株　価

1株当たり利益

時　間

◎2つの投資スタイル◎

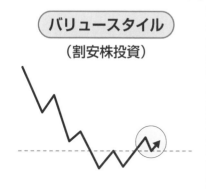

バリュースタイル	グローススタイル
（割安株投資）	（成長株投資）

「2期連続減益。しかしリストラ
　奏功で来期は増益見込み」

・PER　9倍
・PBR　0.9倍

「連続3期、2ケタ増益。
　来期も＋10％近い増益見込み」

・PER　35倍
・PBR　5倍

 ポイント

来期、本当に利益回復するか

ポイント

来期も増益率が鈍化しないか

「買った後で、市場での投資家の期待がマイナスからプラスにひっくり返るような銘柄」が最高の狙い目なのです。現状はまだ悪いが、これからよくなる可能性がありそうな状態です。よくなることがハッキリすると、株価は大きく上昇し手遅れとなるので、よくなりそうだがまだハッキリしない、という状態で買い始める必要があります。期待が「ちょいプラス」から「激プラス」に変わるタイミングなどもよいです。

グローススタイルは実はリスクが高い

　一方、バリュースタイルと対照的な「グローススタイル」という投資スタイルもあります。優良企業に投資する成長株投資のことです。

　このスタイルの投資法だと、業績好調な銘柄を狙うため、株価もすでに割高なことが多く、投資家の期待値も高い場合が多いです。その高い期待をさらに上回り、株価が上昇するには、相当のポジティブサプライズが必要となります。

　そのような会社は、ほんの少しでも事前の期待に届かない利益計画を決算で発表したりすると、株価は大幅に急落しかねません。

　優良企業への投資であるグローススタイルは、このように**実はリスクが高く、難しい投資スタイル**だと思います。

　さらに、利食い売りをいつするかの判断も難しいです。

グロース銘柄は買い上げられていて、少しでも期待に届かない業績だと急落し、下げも大きい。中小型銘柄で値が飛ぶことも多く、思わぬ大損が出るリスクがあります。バリュースタイルのほうがリスクは小さいと思います。

株メンター

会社の調べ方
⑤注目すべき財務指標

必ず注目したい３つの指標

　会社が利益を稼ぐ力を見る時に注目するべき指標を、株メンターが長年の経験から特に厳選して３つあげます。これだけで十分ではありませんが、必ずチェックしてほしいものばかりです。

【注目指標❶…営業利益率】

　１つめは「**営業利益率**」（ＯＰＭ：operating profit margin）です。

営業利益率（ＯＰＭ）＝ 営業利益／売上高

　これは、会社の本業で稼ぐ力、本業の収益力を見る指標です。複数の事業別に売上、利益のセグメント情報が開示されているので、セグメント別・事業別に営業利益率を算出し、各事業の収益力を比較することもできます。

　セグメント情報は、決算短信や決算説明会資料に記載されているので、「営業利益／売上」を必ずセグメント別に計算してみましょう。

【注目指標❷…自己資本利益率】

　２つめはＲＯＥ（return on equity）、すなわち「**自己資本利益率**」です。

自己資本利益率（ＲＯＥ）＝ 純利益／自己資本

◎知っておきたい３つの財務指標◎

① **収益力** … 営業利益率（ＯＰＭ）

$$\text{OPM}（\%）= \frac{\text{営業利益}}{\text{売上高}}$$

② **資本効率** … 自己資本利益率（ＲＯＥ）

$$\text{ROE}（\%）= \frac{\text{純利益}}{\text{自己資本}}$$

③は株メンターが考え出したオリジナル指標です。

③ **収益力の持続性** … 利益剰余金倍率

$$\text{利益剰余金倍率（年）} = \frac{\text{利益剰余金}}{\text{純利益５年平均}}$$

株メンター

たとえば、①が10％と高くても、③が３年以下なら、高い収益力は過去から安定していなかったことがわかるんだ。

　これは、投資家（出資者）から集めた自己資本を使い、いかに効率的に利益を生み出しているかを測る指標で、投資家にとって重要とされる指標です。一般に高いほどよいといわれることが多いのですが、用いる際には注意が必要です。

　ＲＯＥは、利益が大きくても、自己資本が小さくても、高い数値になります。つまり、自社株買いによる消却で自己資本が減っても、ＲＯＥは高くなるわけです。

　また、自己資本比率の低い安全性に欠ける会社で数値が高くなり、自己資本の充実した安全性の高い会社で比率が低く見えたりすることもあります。

　ＲＯＥの高さが本物かどうかを見極めるには、同時にもう１つの

指標である「ＲＯＡ」（return on asset：**総資産利益率**＝純利益／総資産）を見ることもお勧めします。

　ＲＯＡが１～２％など低い会社なら、ＲＯＥが10％を超えて高くても、それは会社の資産効率が高いことにはなりません。自己資本が過少なだけです。

　資本効率を表わす指標にはこのＲＯＥとＲＯＡの２つがあるので、できればいつも両方をチェックしましょう。

　ちなみに、会社四季報には、両方の数値が記載されています。

【注目指標❸…利益剰余金】
　３つめは、**利益剰余金**です。

　これは、貸借対照表（バランスシート）に表示される科目で、過去の内部留保した利益（純利益－配当等）をすべて累積した数値です。いままでの会社の最終的な儲けをすべて足し合わせた数値といえます。

　高い収益力を維持し続けた会社には、分厚い利益剰余金が積み上がります。一方、近年の利益率が高くても、過去に大損を出していたらこの数値は大きくなりません。

　バランスシートの数ある勘定科目のなかで「利益剰余金」とは、**企業が過去にどのくらいの利益を蓄積してきたかがわかる、投資家にとって最も大切な科目の１つといえるでしょう。**

　利益剰余金の大きさを測るには１つ、方法があります。過去数年（５年程度）の平均的な純利益に対して、その何倍あるか、つまり純利益の何年分が内部に剰余金として蓄積されているか、を見るのです（＝**利益剰余金倍率**。３章88ページ参照）。

　この倍率が10年分程度にまで達する会社は、立派な安定高収益企業といえます。

　逆に、３年分未満の剰余金の蓄積しかない会社は、収益力が弱いか過去に特損などの大損を出したかもしれず、注意が必要といえるでしょう。過去、赤字続きだった企業なら、利益剰余金がマイナス、

◎利益剰余金に注目したバランスシートの違い◎

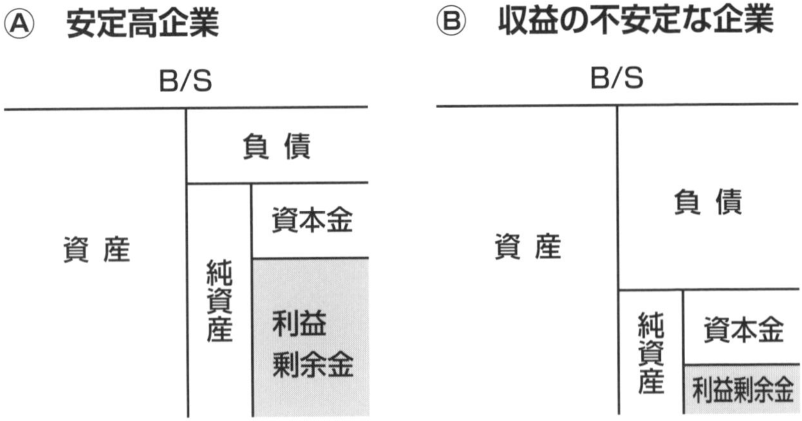

Ⓐ **安定高企業**

B/S

資 産	負 債	
	純資産	資本金
		利益剰余金

Ⓑ **収益の不安定な企業**

B/S

資 産	負 債	
	純資産	資本金
		利益剰余金

利益剰余金倍率

例）10(年) ⟶ Ⓐ

1.5(年) ⟶ Ⓑ

ということもあります。

　ちなみに、この利益剰余金倍率は、株メンターがつくり出したオリジナル指標です。実務で使っていました。上図の2つの例も参考にしてください。

　この利益剰余金も、四季報に掲載されていますので、要チェックです。

24 会社の調べ方
⑥情報の集め方

株の情報を集めるには

　まず「日経新聞」は必ず見てください。株に関する記事の場合、一般紙では情報不足で歯が立ちません。また、一般紙では会社の決算情報は十分とはいえません。日経新聞の中ごろにあるマーケット総合面、投資情報面には、企業決算等を確認できるページがあります。

　また、会社の事典、株のバイブルといえるのが「会社四季報」です。これも株式投資には必携です。細かい文字が苦手な人には、大判サイズのものもあります。

役に立つサイト一覧

　株メンターが個人的によく使っている無料サイトを紹介しておきましょう。

- 「kabutan.jp」…個別銘柄のチャート、開示情報、決算内容などを確認することができます。見やすくて便利です。
- 「investing.com」…描画性能に優れているサイトです。私はチャート分析などの際に使います。
- 「日経平均株価 リアルタイムチャート」…市場の値動きを場中（株式取引時間内）などにフォローするために見ます。
- 「世界の株価」…世界中の株式・為替・債券・商品市況が幅広くリアルタイムでわかる大変便利なサイトです。

　また、証券会社に口座をつくると、各社のアナリストが書いた銘柄レポートや経済・金融レポート、ストラテジーレポートなどが無料で読めます。

◎おススメのサイト◎

　口座をつくるだけならタダですので、情報を集めるためだけに多くの口座をつくることもありだと思います。

　大手証券会社には有力アナリストも多数いますので、情報収集が目的なら、リサーチ体制の充実した大手の証券会社に口座をつくるのがよいでしょう。

3章

決めることは、
銘柄・タイミング・量の3つ

勧められるまま
に自分で調べず
に株を買うのは
ダメですよね。

たとえば銘柄選びも、
自分で調べて判断しな
ければなりません。そ
のコツを教えましょう。
量については4章で説
明しますね。

初男くん

株メンター

25

銘柄選択とバリュエーション

🥕「銘柄選択＝会社調べ」ではない

株といえば銘柄、だから「おススメの銘柄を教えて」という声をよく聞きます。

どの会社の株にするか、会社のよし悪しを見極めることが銘柄選択だと思っている人は、実際に多いのではないでしょうか。2章で会社の調べ方を簡単に紹介してきましたが、銘柄選択とは、会社を調べることだけではありません。

銘柄選択とは、さらにもう1つのことをして、その両方の結果から銘柄を決めることです。

🥕銘柄選択＝企業調査とバリュエーション

もう1つのこととは、**株価が割高か割安かを判断**することです。これを「バリュエーション」といいます。

つまり、株式投資の銘柄選択とは、「**企業調査**」と「**バリュエーション**」の両方を踏まえて銘柄を選ぶことです。

だから、会社が気に入ったから「買い」、と株価を見ずに決めないでください。仮に優良企業だと思っても、株価が割高ならば投資判断は「売り」です。

ただし、よく調べてよい会社だとわかると、それを売るのは心情的に抵抗があります。よく調べれば、その会社に愛着もわき、売りたくなくなるのが人情です。しかし、そこはドライな株の世界、割り切りが必要です。株の格言には「銘柄に惚れるな」という言葉もあります。

逆に、業績が目先悪化していても、株価が大きく売り込まれて割安だったら、むしろ「買い」だったりもします。

◎銘柄選択ですべきことは2つ◎

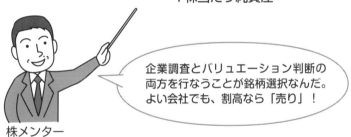

✕ 銘柄選択 ＝ 会社調べ

○ 銘柄選択 ＝ 会社調べ ＋ バリュエーション

↓

株価が割安か割高かを指標を用いて判断すること

バリュエーションの指標

● PER（株価収益率）＝ $\dfrac{株価}{1株当たり利益}$

● PBR（株価純資産倍率）＝ $\dfrac{株価}{1株当たり純資産}$

> 企業調査とバリュエーション判断の
> 両方を行なうことが銘柄選択なんだ。
> よい会社でも、割高なら「売り」！

株メンター

🌱 バリュエーションの2つの指標

　バリュエーションのシンプルな方法を紹介しましょう。バリュエーションでは、「PER」と「PBR」という2つの指標を使います。

【PER】（株価収益率）

> PER＝株価／1株当たり利益

　これは、株価が純利益の何倍まで買われているか、を表わす指標です。年間に利益を稼ぐ力に対して、その何倍まで株価が許容され

るか、を示しています。

　日本の市場指数のＰＥＲは15倍前後ですが、利益の成長期待の高い銘柄だと、ＰＥＲは20〜40倍、あるいはそれ以上となります。

【ＰＢＲ】（株価純資産倍率）

```
ＰＢＲ＝株価／１株当たり純資産
```

　これは、株価が純資産（資本）の何倍まで買われているか、を表わす指標です。会社の保有する純資産に対して、その何倍まで株価が許容されるか、を示しています。

　ＰＢＲでは「1.0倍」が１つの目安として重要です。保有する純資産と同額までしか株価が評価されていないということは、企業の資産を活用した将来の成長が株価にまったく織り込まれていないことを意味し、成長が期待できない会社と、市場から評価されているということです。

🌱 さまざまなバリュエーション指標

　バリュエーション指標は、ＰＥＲ、ＰＢＲのほかにも「ＰＣＦＲ」「ＰＳＲ」「ＰＥＧレシオ」「ＥＶ／ＥＢＩＴＤＡ倍率」など、いろいろな種類があります。

　しかし、最も多くの人が参照する指標こそ最も有用で役に立ち、見る意味があると考えています。そこで、ここでは最も代表的なＰＥＲとＰＢＲを紹介しています。

　ちなみに、株価と配当の比率である「**配当利回り**」（１株当たり配当／株価）も、１つのバリュエーション指標とみることができます。たとえば、市場平均の配当利回り２％弱を大きく上回る４〜５％の安定高利回り銘柄があれば、配当の観点から株価は割安といえます。

　ただし、配当利回りで銘柄を選ぶ際には、業績が今後も安定しそ

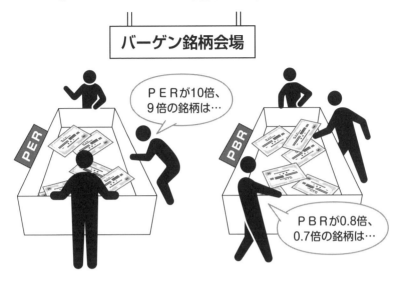

◎PER、PBRから割安な銘柄はないか◎

バーゲン銘柄会場

PER

PBR

PERが10倍、
9倍の銘柄は…

PBRが0.8倍、
0.7倍の銘柄は…

うか、そして会社が減配を避ける努力をするか、などに注意を払う
必要があります。

　まとめとして、**配当利回りで銘柄を選ぶ際の注意点**を、以下に３
点あげておきます。

- ●過去に利益が長期的に安定してきた会社か（一転無配などが
なかったか）
- ●株主重視の経営をめざしているか
- ●配当性向（配当／利益）が高過ぎないか（50％以上など高
過ぎると、大減益決算なら即、大減配のリスクあり）

26

バリュエーションの判断基準

バリュエーションの判断は難しい

　一般に、利益成長力の高い会社は、高いバリュエーションが許容されます。たとえば、年率５％成長の企業ならＰＥＲは15〜20倍、年率10％成長の企業なら20〜30倍、増益と減益を繰り返す企業なら10〜15倍、という具合です。

　しかし実際には、バリュエーションの割高、割安の判断は、簡単ではありません。ＰＥＲ、ＰＢＲには、「○倍以下なら割安、○倍以上なら割高」などの常に安定した明確な判断基準が存在しないからです。

　また、会社の利益成長力が変われば、バリュエーションの居場所も変わることになります。そこが、株価のわかりにくいところです。

バリュエーションを判断する際の３つの工夫

　でも、なんとか割安・割高を判断しなければなりません。そこで、以下の３つの工夫を行ないます。

【工夫１】ベンチマーク比較

　１つは、対ベンチマーク、つまり日経平均やTOPIX、ジャスダック指数などの**市場指数と比べる**、ということです。たとえば、TOPIXのＰＥＲが15倍で、買いたい東証１部の銘柄が10倍だったら市場平均と比べて割安、ということです。

【工夫２】同業他社比較（クロスセクション）

　もう１つは、同業他社比較です。同じ業種の似たような銘柄と比べてバリュエーションが割安なら、その業種内では魅力が高い、と

◎バリュエーション判断には工夫が必要◎

バリュエーションって目安が
ハッキリしないから、判断す
るのが難しい…

初男くん

そうなんだ。
だから工夫
してみよう。

株メンター

バリュエーションを判断する際の3つの工夫

（例：ＰＥＲ10倍の銘柄Ａ）

① ベンチマーク比較
ＡはTOPIXのＰＥＲ15倍より割安

② 同業他社比較（クロスセクション）
Ａは同業75社中15位の低ＰＥＲ。よって割安

③ 時系列比較（ヒストリカル）
Ａは過去5年のＰＥＲのレンジが8～18倍。よって割安

いうことです。

　ＰＥＲ、ＰＢＲの同業種比較は、たとえば「kabutan.jp」のサイトで業種別の株価一覧を見ればチェックできます。

【工夫3】 時系列比較（ヒストリカル）

　3つめの方法は、時系列比較です。その銘柄の過去のＰＥＲの水準はどのくらいの幅で動いてきたかがわかれば、その幅のなかでいまのＰＥＲ、ＰＢＲが割高か割安かのメドをつけることができます。バリュエーションの過去レンジを知る、ということです。

　これは、やや面倒ですが、自分で計算することも可能です。3～

◎ＰＥＲのクセとは◎
（例：半導体関連株の場合）

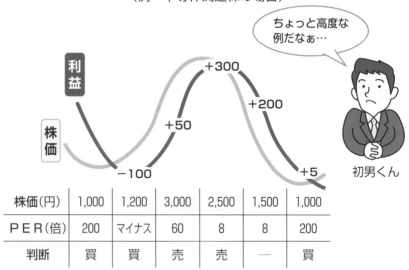

ちょっと高度な例だなぁ…

初男くん

株価(円)	1,000	1,200	3,000	2,500	1,500	1,000
ＰＥＲ(倍)	200	マイナス	60	8	8	200
判断	買	買	売	売	ー	買

株メンター

この例の場合、業績とは真逆の判断で、赤字の時は買い、利益が出たら売り。ＰＥＲで割安に見える時が売り。鉄、化学など素材産業の株もこの判断が有効です。

　５年の年度ごとの株価の高値と安値、そしてその期の１株当たり利益と１株当たり純資産の数値がわかれば、各年ごとにＰＥＲ、ＰＢＲの高安が計算できます。それを３〜４年分見て、現在のＰＥＲ、ＰＢＲと比較すればよいのです。

🥕 ＰＥＲのクセを知って同時にＰＢＲもチェック

　ＰＥＲは、対利益の指標です。つまり、利益水準が一時的に大きく下がった場合、ＰＥＲは極端に高くなります。

でも、それは企業の実力値ではないかもしれません。そんな時は、以前の利益水準を確認して、そのレベルに利益が戻ったらPERがどうなるか、も計算してみましょう。

将来に業績回復が見込めるなら、一時的な減益（高PER）は買いのチャンスかもしれません。

たとえば、半導体関連株のように、業績のフレが非常に大きい業種の場合、PERがマイナス（つまり赤字）や200倍の時に買い、PERが8倍（大増益）の時に売り、と判断すべきです。素材セクター（鉄・化学・繊維など）も似たような判断をすべきケースがよくあります。

さらに、そのような時には、同時に必ずPBRも見ましょう。

PERが高く、割高に見えても、それは一時的なことで、PBRで見たら過去と比べて大幅に割安、などということもあります。

PERとPBRは、いつも両方を同時にチェックするクセをつけておきましょう。

27 銘柄選択のための４つのステップ

🥕 株メンターのフローチャートを参考に

　会社の調べ方やバリュエーションといった銘柄選択に必要な２つについて説明してきましたが、ここではそれらをまとめ、４つのステップに分けてフローチャートで整理してみました。

　銘柄選択を始める際には、右ページの図に示した手順で、このフローチャートどおりに順を追って会社を調べていけば、充実した銘柄選択ができると思います。銘柄を決めるまでに、何をどう調べればよいか、漏れたことがないかどうかを確認することもできます。

　なお、このフローチャートは、「株メンターサイト」（https://www.kabu-mentor.com/）から無料でダウンロードできる小冊子「株式投資　成功へのヒント」にも掲載されています。

　フローチャートでは、それぞれのステップでチェックすべき項目と参照する資料を具体的に紹介しています。

　ではステップ１～４の順にその調べ方やポイントを見ていきましょう。

🥕 第１ステップ…「会　社」

　銘柄選択では、まず最初がこのステップです。一言でいえば、その会社が"何屋か"ということです。何で稼いでいるのか、どのくらい稼ぐ力があるのかをまず調べます。

　なかには、何屋かとか、どう儲けているのかなどのビジネスモデルがよくわからない会社も意外にあるものです。

　私の経験でも、会社に直接、訪問取材をする際には、事前にビジネスモデルを調べるのですが、よくわからないためまず直接、会社に質問せざるを得ないことが多々ありました。

◎銘柄選択のための株メンターの４つのステップ◎

【株メンター流 銘柄選択「バリュー投資スタイル 銘柄選択 ４ステップ」】

	ステップ	チェック項目	参照資料
1 会社	何屋か 何で稼ぐか 稼ぐ力は	事業内容 セグメント別営業利益 セグメント別営業利益率	会社四季報、HP 決算短信（HP中） 決算短信（HP中） ※決算説明資料が 有効
	⬇		
2 業績	業績が回復しそうか	利益予想（回復見通し） 中期計画 経営方針他	会社四季報 決算説明資料 決算短信他
	⬇		
3 株価	株価が割安か 底打ち後反転しそうか	PER（株価収益率） PBR（株価純資産倍率） チャート（月足・週足）	＊kabutan　ほか
	⬇		
4 財務	財務リスクはないか	株主資本比率、負債依存度 キャッシュフロー収支 利益剰余金倍率	四季報、決算短信 ほか

＊kabutan ＝ 株情報サイト

１～４の順に
調べましょう。

株メンター

会社が何で儲けているのか、どの製品、どのサービスが高収益なのか、などは、外部からは意外にわからないことが多いのです。会社側としても、投資家など外部の者に詳細なビジネスモデルを知られたくない、という事情もあるでしょう。

　つまり、"何屋か"はキチンとわからない場合がけっこうあるということです。

　そのような場合は、しかたがありません。投資は諦めます。わからないものには投資できないからです。だからまず、何で稼ぐ会社か、どう稼いでいるのか、それを知ることができるか、を最初に調べるのです。

【チェック項目】

　事業内容を普通に（定性的に）理解するには、まずは会社四季報やその会社のホームページを参照します。

　さらに数値で確認したい項目があります。それは、「**セグメント別営業利益率**」です。

　株式投資の対象となるような上場企業の場合、大半の企業が複数の事業を行なっています。単一の事業のみを行なう"一本足打法"では、リスクが高いと考えているからです。

　事業が異なれば儲かり方も違います。会社は事業セグメント別に売上と営業利益を併記して開示しており、決算短信や決算説明資料でそれらは確認できます。それをもとに、セグメントごとに「営業利益÷売上高＝営業利益率」を計算して、事業ごとの営業利益率の違いを理解しておきましょう。

　たとえば営業利益率が、事業Aで10％、事業Bで２％、会社全体で４％である会社の場合、来期の事業Aの売上が事業Bより伸びる見通しなら、全社ベースの営業利益率は上昇することが見込まれます。

　セグメント別営業利益率がわからないと、どの事業の売上が伸びれば利益がより大きく増えるか、などがわかりません。そんな会社

◎会社について知りたい時は◎
会社四季報
会社四季報
ホームページ
○○会社
ホームページ
決算短信
セグメント情報
事業A
事業B
売上高
営業利益
……

では投資しにくいですよね。だから、最初にセグメント情報を調べる必要があるわけです。

こうした事業別の収益構造がわからない会社なら、極端な話、投資を考え直したほうがいいかもしれません。その判断のためにも、まず最初にセグメント別営業利益率を見ておきましょう。

第2ステップ…「業　績」

株価は、会社の将来の利益に大きく影響されます。だから将来の利益予想が特に重要です。前述したように、「いままで利益が成長したか」ではなく、「今後、利益が成長しそうか」が大切です。

さらにいえば、いままで振るわなかった利益が今後は回復しそうか、回復しそうな会社なら投資妙味が大きい、ということになります。将来の利益への投資家の期待が集まり、ネガティブからポジティブに今後ひっくり返りそうな会社が、最も狙い目なのです。

たとえば、赤字の輸出企業が中国の景気底入れで想定外に早く黒

◎業績予想の見方◎

	売上高 （百万円）	純利益 （百万円）	1株益（円）
2018年3月	12,000	1,200	120
2019年3月	11,000	600	60
2020年3月	9,000	▲900	▲90
2021年3月（予）	11,500	1,000	100

「今期（20年3月期）は売上減で赤字、しかし来期
（21年3月期）はリストラと市況回復で黒字転換」

この会社の3か年中期経営計画

（会社説明会、ホームページの資料より）

● 数値目標

	2020年3月期	2023年3月期目標
売上高	9,000（百万円）	13,000（百万円）
純利益	▲900（百万円）	1,600（百万円）
1株益	▲90（円）	160（円）

● 要　因
　①リストラ等による経費圧縮
　②市況の回復
　③新製品投入（21年4月から……、22年4月から……、
　　計2,000（百万円）の売上増を目標）

字転換できそう、などという場合です。一方、現在すでに業績好調
な会社の場合などは、株価はすでに上昇しているはずです。そんな
会社の株はなかなか割安に買うことはできません。

【チェック項目】

　まずは、会社発表の利益予想を確認し、利益底打ち・回復の予想

が出ているか確認します。

そしてできれば、大手証券のサイト等でアナリストたちの利益予想の平均値、市場コンセンサスも確認します。会社予想よりコンセンサス予想が高い場合、たとえば会社が非常に控えめな予想をする傾向があれば、将来に会社予想を上回る利益が出るかもしれません。その企業をとりまく業界環境等も踏まえて予想してみましょう。

業績回復に対する会社側の自信度を知る手がかりとして面白いのは、会社の発表する「**中期経営計画**」です。これは、3年程度先の事業展開や業績の姿を投資家等に発表するものですが、これを会社が自主的に発表するということは、将来に自信があることの証しといえます。利益を伸ばせる自信があるから、わざわざ発表するわけです。

中期経営計画で強気の利益成長計画が、具体的な事業内容とともに明記されている場合は、会社側に相当の自信がある現われです。毎年恒例の中期経営計画ではなく、いままで発表してこなかった会社が新規に中期経営計画を発表する場合などは特に注目に値します。これを転機に、株価が上昇トレンドに入ることもあります。

第3ステップ…「株　価」

私が駆け出しの運用者の頃、上司から「株価を見ずに銘柄の投資判断レポートを書きなさい」と指示されたことがありました。株価を評価せずに投資判断せよ、とはどういうことでしょう？　意味がわかりませんでした。

銘柄選択とは、会社の中身を調べるだけでは結論は出ません。会社の中身だけに頼ってはいけません。会社の中身に対し、株価がいくらなのか、高いのか安いのかを評価するから、最終的に株価の投資判断ができるのです。

投資判断とは、**会社に対して行なうのではなく、株価に対して行なう**ものです。

◎株価の何を見るか◎

バリュエーション

たとえば、ＰＥＲ９倍、ＰＢＲ0.8倍なら黒字転換見込みを織り込み、割安。

チャート分析

たとえば、三尊底を形成し、底入れ完了か?!

【チェック項目】

「株価を見る」とは、２つのことを指します。

１つは「バリュエーション」です。２章で紹介したように、ＰＥＲとＰＢＲで、株価の割高・割安を利益面と資産面から評価します。業績好調でも、株価が割高なら買うべきではありません。

２つめは「チャート分析」です。日々動く株価を確認し、投資するタイミングを測ります。私の場合、投資候補銘柄を探すチャートの目のつけ方は、たとえば「明確に底打ちして反転上昇が始まりつつあるチャート」です。

チャートでそのような銘柄を先にまず探し、その後会社の中味や業績を調べることさえあります。

🌱 第４ステップ…「財　務」

最後に確認するのは、会社の「財務安全性」「財務リスク」です。もし突然、金融危機等が襲来したら、財務的に不安定な会社はたちまち危機に見舞われかねないので、そんなリスクがないかどうか確認します。

【財務安全性を測る主な指標】

ここで注目するのは、貸借対照表（バランスシート）です。

◎株メンターの財務安全性チェック指標とオリジナル目安◎

自己資本比率（%）

「自己資本÷総資産」

50％以上 …… ○
20％以下 …… ×

有利子負債依存度（%）

「有利子負債÷総資産」

20％以下 …… ○
60％以上 …… ×

利益剰余金倍率（年）

「利益剰余金÷純利益５年平均」

７〜８年分以上 …… ○
３年分以下 ………… ×

利益剰余金比率（%）

「利益剰余金÷総資産」

50％以上 …… ○
20％以下 …… ×

株メンター

目安の数値は１つの参考
としてください。

会社四季報、決算短信、決算説明資料のいずれでも確認できます。

財務安全性を確認できる主な指標を以下に紹介しておきましょう。

なお、利益剰余金の２指標は、株メンターの考え出したオリジナル指標です。

【自己資本比率】

「自己資本÷総資産（%）」で求めます。

総資産に占める自己資本の割合で、財務安定性の指標では最も基本的なものです。厳密な目安はないですが、健全な優良企業なら50％程度以上であることが多いです。

一方、これが20％程度以下であれば、やや財務安定性に欠けると

3
章

［買う前編］　決めることは、銘柄・タイミング・量の３つ

87

いえるかもしれません。

【有利子負債依存度】

「**有利子負債÷総資産（％）**」で求めます。

有利子負債とは、利子の発生する負債すべてを指し、短期借入金、長期借入金、社債等の合計額です。要するに、借金にどれくらい依存しているかを示す指標で、安全性を測るものとしてこちらも注目すべき指標です。

優良高収益企業だと無借金経営の会社もありますが、私の経験的な感覚として40％程度を超えてくるとやや注意、そして60％程度を超えると、借金が相当多いな、という感じがします。要注意ゾーンだと思います。

なお、会社四季報には有利子負債の記載があるので便利です。それをもとに自分で割り算をして、有利子負債依存度を算出しましょう。

【利益剰余金倍率】

2章で、利益剰余金の大きさを測る方法として紹介した指標です。「**利益剰余金÷過去数年（5年程度）の平均的な純利益**」で求めます。純利益の何年分が内部に剰余金として蓄積されているか、がわかります。

この数値が10年程度にまで達する会社は、立派な安定高収益企業ですし、3年程度を下回る会社だと、過去の純利益水準が不安定だったことを示すため、やや注意が必要だと感じます。

【利益剰余金比率】

利益剰余金倍率に加えて、利益剰余金の目安として総資産と比較することも有益だと思います。名づけて「利益剰余金比率」と呼びます。「**利益剰余金÷総資産（％）**」で求めます。

稀代の超高収益優良企業であるキーエンスは、この値が約90％で

す。このような企業は稀ですが、50％程度あれば優秀な高収益企業といえましょう。安全性が高いと評価できます。

一方、20％を下回る程度だと、収益力やその安定性において盤石とはいいづらい印象です。

＜利益剰余金を評価する際の注意点＞

企業の創業来の歴史が浅い場合、利益の蓄積は当然少ないです。新規公開企業などは、資金的には余裕のない会社が多く、さらに創業当初に赤字続きなら、利益剰余金は当然マイナスです。

このような新興企業では、利益剰余金の蓄積を最初から期待するのは酷です。新興企業に投資する場合は、利益剰余金が少なくても、事情を汲んであげましょう。

もちろん、新興なのでそもそも財務の安定感には欠けるといえます。その点ではリスクが高いので、十分に気をつけて取り組んでください。

便利な目印である「格付」

財務安全性を確認する主な指標は以上のとおりですが、もっと簡単な財務安全性の目安もあります。「**格付**」です。最高位はAAA格で、AA格、A格ときて、BBB格までが投資適格です。

BB格以下の企業は、一般に投資不適格といわれます。これらの企業が発行する社債は「ジャンク債」と呼ばれます。

格付は、社債を買う債券投資家が、企業の財務安定性、社債の信用力を評価するのに主に使いますが、株式投資家も大いに利用しましょう。会社四季報の巻末に一覧掲載されています。

なお、格付は企業側が格付機関にお金を払って評価を依頼し、わざわざ取得するものなので、よい格付を取得する自信のない企業は評価を依頼しません。したがって、格付のない企業は、一般に安全性があまり高くないと想像されます（ただし、意図して格付を取らない企業もあるのでご注意を）。

28 チャートを学ぶ大切さ

チャートによるテクニカル分析

　ここからは、チャートの話に入ります。株価の過去の動きを描いたグラフが、いわゆる「株価チャート」です。チャートを分析することを「テクニカル分析」といいます。

　株やFXなどに投資する人は、よくチャートを見ていますね。「いまさらチャートなんて」と真剣に見ない人もいるようですが、実はプロの現場では多くの人が見ています。それは、チャートが将来の株価を見通すときに、明らかに参考になる（ときがある）からです。

　証券投資理論を習うと、冒頭でチャートのことを否定します（効率市場仮説）が、30年間多くを勉強した私は断言します。チャートを否定するこの理論のほうが間違っています。

　チャートは、株式投資で儲けるために不可欠な役割を果たします。チャートの意味や見方をまず理解したうえで、個別銘柄のチャート判断に応用できるようになりましょう。

　チャート判断ができなかったら、株式投資では十分な成果をあげられないと思います。それほど、重要です。

　私の場合、**銘柄の最終判断は企業調査の結果より、チャートを重視する**ことさえあります。株価の位置が変われば投資判断も変わるからです。

プロのトレーダーも、ディーリングルームで6枚の画面でチャートを見ながら検証したりしている。

チャートを学ぶ３つの目的

　チャートを学ぶと、具体的に何ができるのでしょうか。実は、非常に大切な以下の３つのことができるようになります。それぞれについて見ていきましょう。

①投資タイミングを測る

　ここまで、株式投資は会社選びというより株価探し、と説明してきました。どんなによい会社でも、割高な株価で買えば、下がるリスクは高まります。よい会社でも売り、と判断すべき時はあります。

　みなさんが毎日、株式市場を見ていてわかるとおり、毎日のように株価は上下します。投資先の会社には１日でほとんど変化はないはずですが、株価は動きます。１か月もあれば、会社に大きな変化がなくても、株価は時に２割、３割も変化したりします。

　つまり、売買のタイミングを間違えると、銘柄を正しく選んだとしても、何割も損しかねないのです。ふわふわ動く株価をタイミングよくとらえれば、投資成果には大きな差が出ます。**投資タイミングの判断はきわめて重要**なのです。

　では、どうやってタイミングを見極めればよいのでしょうか。

　株価は、常に波動を描いて動きます。過去数十日、数週間の平均値、つまり数十日、数週間の移動平均に対して、上回ったり下回ったりしながら動くということです。

　だから、買うならば移動平均値よりも下で安く買えるほうがいいし、売るなら移動平均値を上回ったタイミングで高く売りたいですね。

　このように、投資タイミングを判断する際の目安、手がかりを教えてくれるのがチャートなのです。

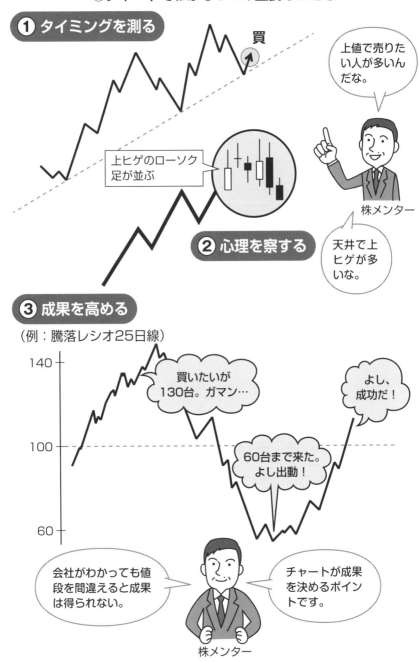

◎チャートでわかる３つの重要なこと◎

❶ タイミングを測る

買

上値で売りた
い人が多いん
だな。

上ヒゲのローソク
足が並ぶ

株メンター

❷ 心理を察する

天井で上
ヒゲが多
いな。

❸ 成果を高める

（例：騰落レシオ25日線）

140

買いたいが
130台。ガマン…

よし、
成功だ！

100

60台まで来た。
よし出動！

60

会社がわかっても値
段を間違えると成果
は得られない。

チャートが成果
を決めるポイン
トです。

株メンター

②投資家心理を察する

　株価は投資家心理によって動きますが、チャートはその投資家心理を察する唯一の手段です。

　たとえば高値付近では、さらに上値を期待する買い手と利食い売りを出す売り手が市場でぶつかり、上下に大きく振れながら推移したりします。値段の動き方そのものに投資家心理が現われるのです。

　チャート分析では、それがビジュアルで画的にわかります。チャートのパターンや画を感じ取ることで、投資家心理を察することができるのです。ローソク足などで特によく表われます。

③投資成果を高める

　株式投資では、株価に特に敏感になる必要があるので、会社の調べ方を深く学ぶよりも、先にまずチャートを学び、ウオッチすべきだと私は思います。実戦で即、役に立つからです。

　成果を高めるには、まずチャートの勉強に時間をかけることを私はお勧めします。

　ただしもちろん、会社の中身がわからずに銘柄を買うわけにはいきませんから、初心者の人は、会社四季報の読み方や決算短信のPL、BSの見方がおおむね理解できてから、チャートの勉強をすることをお勧めします。

　チャートを読む能力が高まれば、投資成果に直結します。逆にいえば、何度もいっているとおり、**会社がわかっても値段を間違えると儲かりません**。

　また、会社に起こる重要な変化は必ず株価に表われます。だから、株価をよく見ていれば、その変化を察知できます。

　チャートは、株の儲けを決めるポイントです。

30 チャートはアテになるか

チャートは本当にアテになるの？

株価の先行きを見通すときに、チャートは本当にアテになるのでしょうか。トレンドラインを引いたりして、意味があるのでしょうか。ただでさえ、チャートには時にダマシもあります。

しかし一方で、プロのトレーダーでも、ほぼチャートのみで売買の判断をする人もいると聞きます。

トレンドを描く株価の性質とは

チャートがアテになることが多い理由は、株式市場の特徴・性質にあります。36ページで説明したように、株式市場は複雑系というシステム（系）だからです。

株価には、トレンドを描いて上昇、下落しやすい性質があります。だから、チャートでそれを早期に見つけられれば、投資に活かすことができるのです。

チャートは会社の市場評価の歴史

初めて会社を調べる場合、私は最初に必ず上場来の株価チャートを見ます。場合によっては、数十年という期間のチャートをまず確認するのです。

チャートとは、その会社が株式市場で投資家から受けてきた**評価の歴史**といえます。会社の市場からの評価が一目でわかる、と思いながら年足、月足をながめると大変参考になります。

「株価は株価に聞け」

「株価は株価に聞け」とは、株価を見通す時に、最もアテになる

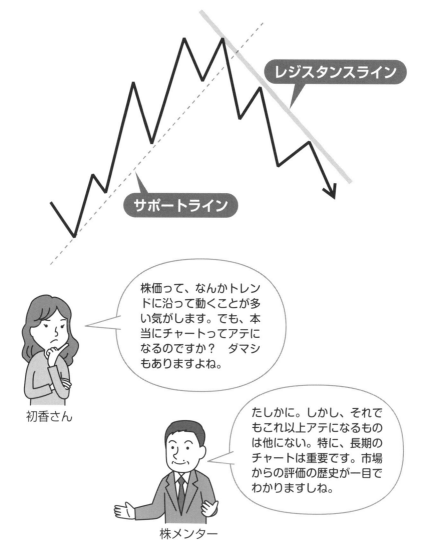

◎長期のトレンドラインはアテになる◎

レジスタンスライン

サポートライン

株価って、なんかトレンドに沿って動くことが多い気がします。でも、本当にチャートってアテになるのですか？　ダマシもありますよね。

初香さん

たしかに。しかし、それでもこれ以上アテになるものは他にない。特に、長期のチャートは重要です。市場からの評価の歴史が一目でわかりますしね。

株メンター

のは過去の値動きだという相場格言です。

　先を見通すときにアテになるものを探すと、株価以上にアテになるものはまず見当たりません。

3章

【買う前編】　決めることは、銘柄・タイミング・量の3つ

31 チャートの見方

まず長期足から、月足→週足→日足の順に

　チャートは前述したように、投資家による会社の評価の歴史です。長期足で見れば、歴史の変遷が一望できます。長期足は、そう思ってじっくり眺めることが大事です。初めての会社を調べる時は、まず長期足から見ましょう。年足や月足からです。

　チャートは、「kabutan.jp」サイトで確認できます。いつも、「月足→週足→日足」、「長期→中期→短期」の順でチャートを確認するとよいと思います。

当てはまりがよい銘柄とそうでない銘柄

　チャートは、銘柄によりいろいろな個性があり、ビジュアル的にみてチャートパターンがうまく当てはまる銘柄と、そうでない銘柄があります。

　チャートには、**ダマシがあり万能ではない**、また、**当てはまりのよい銘柄とそうでない銘柄がある**点には、十分に気をつけるべきだと思います。

　もちろん、当てはまりの悪い銘柄はチャートの信頼度が低いので、重視しません。特に「一目均衡表」（後述の106ページ参照）では、当てはまりのよし悪しが銘柄によって大きく異なると思います。

　なお、チャートはみんなが似たような見方で評価して判断するので、より多くの人が見るチャートがよりアテになる、といえるでしょう。

長期的に当てはまるものほど有効

　また、チャートパターンが長期足で当てはまるものほど、有効で

◎チャート…月足、週足、日足◎

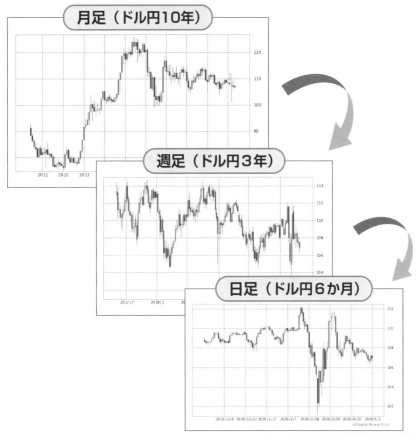

月足（ドル円10年）

週足（ドル円3年）

日足（ドル円6か月）

（いずれもSBI証券サイトより）

信頼度が高いと思います。

　トレンドラインなら、２点より３点、４点で支えられる線のほうがアテになるし、月足４点で支えられるラインなどがあれば、きわめて重要です。

🏵 個別銘柄の投資判断は週足で

　私の経験的な感覚ですが、個別銘柄のタイミング判断は週足で行なうのがよいのではないかと思います。日足ではダマシも多く、ま

◎チャートを長期的に見ると…◎

月足（日経平均10年）

サポートライン

（SBI証券サイトより）

た月足では判断に遅れが生じ、投資機会を逃すことにもなりかねないからです。

　経験を積んできたら、日足も上手に活用しましょう。

　ちなみに、日経平均を長期足で見ると、上図のように見事なサポートラインを描くことができます。

🌱 チャートの短い銘柄は？

　新規公開企業、または上場間もない企業の場合、見られるチャートの期間も短いですね。

　市場に新たに上場・公開する銘柄の株価は、事前の期待や市場全体の雰囲気などにより、大きく歪んでスタートすることもあり、それが落ち着くのには、かなりの時間を要することがあります。市場によるバリュエーションの居所（市場評価）がまだ定まっていないのです。

　私は個人的に、そのような銘柄にはあまり手を出しません。投資

◎個別銘柄のチャートによる投資判断◎

基本は週足

×	月足	…	売買タイミングを測るには不向き
◎	週足	…	中期トレンド転換の判断に向く
△	日足	…	ダマシにあいやすい

具体的には、週足でトレンドを確認のうえ、慣れてきたら、日足で細かく値段を決めてもよい

経験を積んできたら

日足のローソク足を細かくウオッチし、日足の形から意味を考える。

した後に居所が大きく変化することもあり得るからです。

　長期チャートは、その会社の市場からの長期評価の歴史です。その歴史を踏まえて、将来の株価を見通すことが、きわめて重要と考えています。

🥕 そのほかの注意点

　ちなみに、1日の取引では、始値、高値、安値、終値がありますが、特に**終値が重要**です。引けにかけてどう動くか、なども投資家心理を知るうえで参考になります。

　たとえば、高値を場中に何度もトライして上抜けず、引けにかけて下がり、終値がその日の安値、となれば、上値での売り圧力が強いので翌日売り、と判断できます。

チャートからわかること

チャートで何がわかる？

　チャートを見ることで、テクニカル分析の観点から具体的に何がわかるでしょうか。

　主に次の3つのことを知ることができます。「相場のトレンド」「過熱感（転換点）」、そして「市場心理」です。

● トレンド（株価の方向）

● 過熱感（トレンドの転換点）

● 市場心理

　次項以降では、まず、トレンドを知るチャートと、過熱感・転換点を知るチャートを厳選して紹介します。

　たとえば、買いタイミングは、上昇トレンドを早い段階で見つけられればベストなので、それを見つけるチャートがあれば便利です。

　また、売りタイミングは、過熱した上値のピークで売れれば理想的だし、下落トレンドに完全に転換したと判断できたら全売りすべき、となります。

　なお、右ページ図のローソク足については、112ページでその基本の見方について説明します。

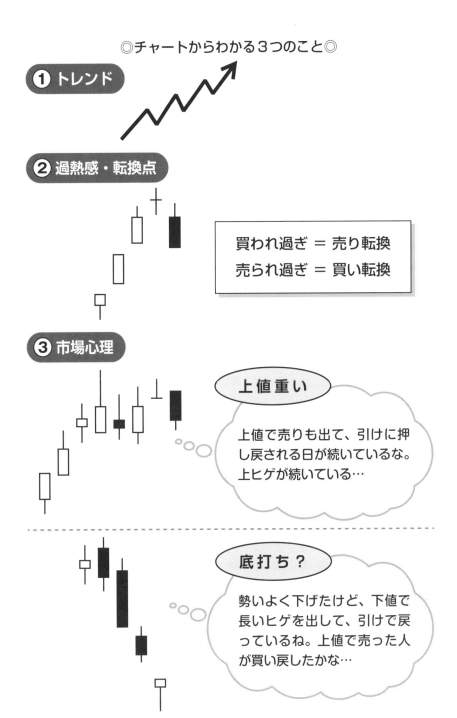

◎チャートからわかる３つのこと◎

① トレンド

② 過熱感・転換点

> 買われ過ぎ ＝ 売り転換
> 売られ過ぎ ＝ 買い転換

③ 市場心理

上値重い

上値で売りも出て、引けに押し戻される日が続いているな。上ヒゲが続いている…

底打ち？

勢いよく下げたけど、下値で長いヒゲを出して、引けで戻っているね。上値で売った人が買い戻したかな…

チャートの種類
①トレンドを知るチャート（厳選）

知っておきたい4つのトレンドチャート

　前述したように、株価にはトレンドを描く習性があります。だから、トレンドの初動をとらえることができれば、よい成果につながります。

　明確なトレンドではなくても、従来の値動きの幅（レンジ）から次のレンジに株価が動くときに、抜けたことを確認してすぐに買えば、確率高く儲けられる可能性があります。

　トレンドを知るためのチャートは、以下の4つです。

- ●トレンドライン
- ●フォーメーション
- ●移動平均線
- ●一目均衡表

　それぞれについて、詳しく見ていきましょう。

トレンドラインとは

　トレンドラインとは、**傾向線**のことです。

　上昇トレンドの場合、株価は波動を描きながら下値が切り上がるグラフになるので、下値同士を結びます。この線を「**サポートライン**」といいます。一方、下落トレンドの場合は、波動を描きながら上値が切り下がるグラフになるので、上値同士を結びます。この線を「**レジスタンスライン**」といいます。

　トレンドラインは、多くの点で支えられるほど、その信頼度が増すと考えられます。また、長期間有効なトレンドラインほど、その

◎トレンドライン◎

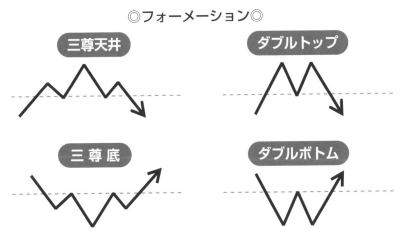

レジスタンスライン
（上値を結ぶ）

サポートライン
（下値を結ぶ）

◎フォーメーション◎

三尊天井

ダブルトップ

三 尊 底

ダブルボトム

（--- 線はネックライン。ネックライン抜けで天底確定）

レンジ

ペナント

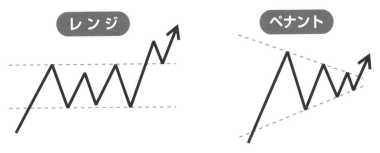

（レンジ、ペナントを抜けた方向にその後動く）

レンジ、ペナント抜け ＝「放れ」⇒『放れに付け！』

持つ意味は重要でしょう。

🌱 フォーメーションとは

　フォーメーションとは、**値動き自体が形成する形に着目する手法**です。トレンドライン同様、チャートの天底を結ぶ線などを引き、その形が現われると天底を形成し、その後トレンドが転換するとか、新たなトレンドを形成する、などと判断します（前ページ図参照）。

【天底】
　三尊天井／三尊底、ダブル（トリプル）トップ／ダブル（トリプル）ボトム、ソーサートップ／ソーサーボトム　ほか
【レンジ等】
　レンジ、三角保合い（ペナント）ほか

🌱 移動平均線とは

　過去の株価の○日間、○か月間などの平均値を日々とって線につなげたもので、この線自体が株価の方向、トレンドを示します。
　また、株価の現値（現在の値段）のグラフが移動平均線を下から上抜いたら"買い時代"に転換、上から下抜いたら"売り時代"に転換したと判断します。
　さらに、長期の移動平均線を短期の移動平均線が上抜くことを「ゴールデンクロス」、逆に下抜くことを「デッドクロス」といい、それぞれ一般に「買いサイン」「売りサイン」といわれます。
　私の移動平均線の使い方は、上昇トレンドの銘柄で移動平均線より上の現値が移動平均線にタッチして下抜けしなかったら買い、下落トレンド銘柄ならタッチで売り、というものです。
　また、月足、週足、日足を見て、どれかの移動平均線が現物との関係で効きがいいかどうかを確認します。日足で現物が25日線を越えて上昇しても、週足の13週線で過去何度も上値を押さえられている銘柄なら、買いではなくむしろ13週線まで戻ったら売り、という

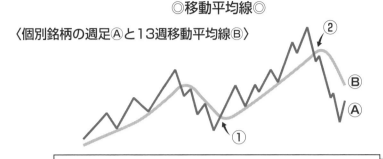

◎移動平均線◎

〈個別銘柄の週足Ⓐと13週移動平均線Ⓑ〉

②

①

Ⓑ

Ⓐ

使い方①…ⒶがⒷを上抜けたら買い転換。
使い方②…上値でⒶがⒷを下抜けたら、売り転換。

【TOPIX６か月日足の移動平均線（上段）と移動平均乖離率（下段）
（５日線、25日線、50日線）】

（SBI証券サイトより）

具合です。

　移動平均線同士のゴールデンクロス、デッドクロスは、サインが
出るのが遅く、私は実戦ではまったく使いません。

3章

【買う前編】 決めることは、銘柄・タイミング・量の3つ

◎一目均衡表◎

【米NASDAQ指数　10年月足】

上段：　── 基準線(26)　── 転換線(9)　── 遅行スパン(26)　── 先行スパン1(26)
　　　　── 先行スパン2(26)

(c)Quants Research Inc.

（SBI証券サイトより）

🌱 一目均衡表とは

　トレンドを認識するのにとても重要なチャートが「一目均衡表」
です。やや難解かもしれませんが、本気で株を学びたい人は、必ず
学んで使えるようにしてください。非常に有用なチャートで、アテ
になります。

　細かい見方の解説は省略させていただきますが、ウェブサイトに
は見方を紹介したサイト等もありますので、自分で学んでみてくだ
さい（たとえば、みずほ証券ネット倶楽部のサイトのYouTube動
画（https://www.youtube.com/watch?v=ClhhxT2aHr8&feature=
youtu.be）などはわかりやすいです）。

　一目均衡表は、以下の５つの線から構成されます（上図参照）。

●現物（ローソク足）

●基準線

●転換線

● **先行スパン**（２線：この間をクモ（抵抗帯）と呼ぶ）
● **遅行線**

　一目均衡表では、現物と各線の関係等から、トレンドを見極めます。私が個人的に重視する線は、「基準線」「クモ」「遅行線」の３つです。

　そして重視するサインは、以下の３パターンです。

①**現物と基準線**…現物が基準線の上にあれば買い時代、下にあれば売り時代です。
②**現物とクモ**…現物はクモに叩かれたり、クモの上に抜けたら強気転換の合図とされます。クモに突入すると、クモのなかで推移します。
③**遅行線と現物**…遅行線が26日前の現物より上なら買い時代、下なら売り時代です。

　特に、上記③を最後のトレンド確認の合図で、個人的に重視しています。遅行線が現物を上抜けると、「おー、上昇トレンド入り確定の最終合図」と思ったりします。

　なお、特に一目均衡表の場合は、当てはまりのよい銘柄とそうでない銘柄で、チャートの効き（信ぴょう性）に銘柄ごとの違いがあると思います。

　過去に、よく当てはまってきたチャートの銘柄は、今後も信ぴょう性が高い可能性があります。チャートの効きがよいか、過去に有効に機能してきたかどうか、をよく見てから使うことをお勧めします。

チャートの種類
②過熱感を知るチャート（厳選）

知っておきたい2つの過熱感を知るチャート

　株価は、波動を描いて上下します。つまり、短期的には上がり過ぎたり下がり過ぎたり、を繰り返しながら動くわけです。

　この上がり過ぎ、下がり過ぎの程度を測り、ピークボトムをとらえようとする際に見るべきチャートを紹介しましょう。仮に、うまく安値買い・高値売りができないとしても、少なくとも上がり過ぎた時に買わない、下がり過ぎた時に売らない、等の判断に使えます。

　上昇するとつい買いたくなり、大きく下がると売りたくなるものです。そんなときに、自分を戒めるためにも、これらのチャートは使えます。過熱感を知るチャートは、次の2つです。

●移動平均乖離率
●騰落レシオ

移動平均乖離率とは

　移動平均乖離率は、「（現値－移動平均値）÷移動平均値（％）」で求めます。105ページのグラフの下段を参照してください。

　これは、移動平均値からの乖離、スプレッドを比率で見たものです。波動を描く現物の価格とは、移動平均値付近を上下に行ったり来たりする、といえます。

　つまり現物とは、移動平均値からの乖離と収束を繰り返すものなので、移動平均乖離率は拡大しても上限があり、いつかは0に戻ってきます。乖離率が極大化、極小化した時がおおむね上昇・下落の限度ということです。

　たとえば日経平均の場合、25日移動平均乖離率は、相当激しい相場でも±10％以内に収まることが多いと経験的に感じています。ふだんは±5％以内で動くことが多いです。それ以上乖離が拡大することは、数年に一度もないかもしれません。だから、相当な急落でも乖離率が仮に−9％に達したら、ふつうは買いの準備をする頃といえるかもしれません。

　ただし、最も極端な例では、バブル崩壊後に−20％を見たことがあります。さらに、2020年のコロナショックでも一時−20％に到達しました。数十年に一度の劇的な急落だったといえると思います。

　各銘柄、指数の移動平均乖離率は、サイト「kabutan」で確認できます。

🥕 騰落レシオ（25日線）とは

　「直近25日間の値上がり銘柄数の合計÷25日間の値下がり銘柄数の合計（％）」が「25日騰落レシオ」です。これは、株式市場特有の指標で、東証1部市場の銘柄数で計算されます。

◎騰落レシオ◎

経験的に、市場の過熱感を比較的的確に示してくれるチャートと感じており、よく利用します。一般に、130程度を超えれば買われ過ぎ、70を下回れば売られ過ぎ、などといわれます。特に、ボトムの特定で威力を発揮します。2020年3月のコロナ暴落で付けた40台の値は、滅多にない低さです（前ページ図参照）。

　たとえば、買い出動したいときに、すでに120〜130超まで上昇しているようなら、100付近まで落ち着くのを待つ、などと使います。69ページで紹介したサイト「日経平均株価 リアルタイムチャート」などでも確認できます。

🥕 オシレーター、ボリジャーバンドに注意

　過熱感を知るのによく用いられるチャートに「オシレーター」があります。モーメンタム、RSI、MACD、いろいろな種類がありますが、私はあまり使いません。なぜなら過熱といわれる圏内まで達してから、さらに過熱感が高まることがよくあるからです。

　ずっと過熱しっ放しのこともあり、私は、使いにくいと思っています。

　また、過熱感を判断するチャートとして「ボリンジャーバンド」もよく見ます。過去の値動きから一定の幅（標準偏差 σ（シグマ））を取り、そのなかに株価が収まる確率が±2σなら95%だから、それを上に超えたら売り、下回れば買いサイン、といわれています。

　しかし、これも使う時は気をつけたほうがいいと思います。株価は、動くときには簡単に2σを超えて動くからです。

　標準偏差 σ は、過去数十日などの値動きをもとに算出されるため、市場の変動幅が小さくなれば値も小さくなります。

　しかしそのような時は、次に動くために市場がエネルギーを蓄積している時期でもあります。変動が小さくなり、σ が小さくなった直後の動きは、もみ合いから放れるタイミングで、市場の変動幅は急激に大きくなることが多いのです。つまり3σ、あるいはそれ以上という大きな変動が出やすくなるので、私はお勧めしません。

◎オシレーターとボリジャーバンド◎

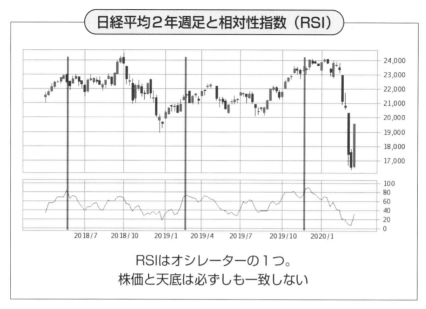

日経平均２年週足と相対性指数（RSI）

RSIはオシレーターの１つ。
株価と天底は必ずしも一致しない

日経平均２年週足とボリジャーバンド

上段： ――単純移動平均(20)――― +1σ ――― -1σ ――― +2σ ――― -2σ ――― +3σ ――― -3σ

(c)Quants Research Inc.

この２年で±２σを越え、±３σまで度々動いた

（いずれもSBI証券サイトより）

3章

【買う前編】 決めることは、 銘柄・タイミング・量の３つ

35 チャートの種類
③市場心理を知るチャート

ローソク足の見方をマスターしよう

　チャートの３つめの機能は、市場心理を知ることです。株価を動かす投資家心理を察する方法は、チャートをおいて他にありません。

　特に、**ローソク足の見方（酒田五法）**を学ぶことが役に立ちます。値動きの全体をローソク足でとらえ、その形や組み合わせから、市場心理の傾向を知ろうとするものです。

　江戸時代に、コメ相場の神様、本間宗久が編み出した日本由来の手法ですが、いまや世界的に有名です。株価を動かす市場心理を理解する最高の手がかりが酒田五法だと思います。ローソク足の見方は、必ず習熟しましょう。

　ローソク足の各線・組み合わせの見方について、ここでは基本的なものを紹介しておきます。

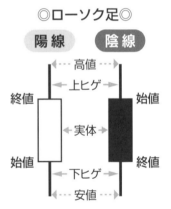

◎ローソク足◎

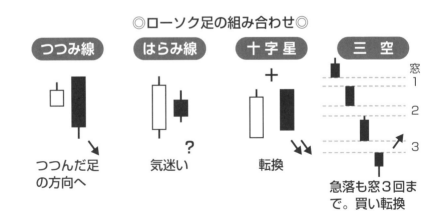

◎ローソク足の組み合わせ◎

◎ローソク足の種類◎

	大陽線	大陽線	下影陽線	小陽線	下影陽線	上影陽線
陽線	先高見込み、強い。高値出現では下げ転換も	先高見込み、強い	先高見込み	強保合い、または気迷い	先高見込み。高値出現では下げ転換。安値出現では上げ転換	弱い
	大陰線	大陰線	下影陰線	小陰線	下影陰線	上影陰線
陰線	先安見込み、弱い。安値出現では上げ転換も	先安見込み、弱い	先安見込み	弱保合い、または気迷い	先安見込み。高値出現では下げ転換。安値出現では上げ転換	弱い
	十字線	トンボ	塔婆(とうば)	上十字	下十字	
寄引同事線	転換を暗示	高値、安値で転換を暗示	高値なら転換、他なら小休止	買い優勢	売り優勢	

113

36 チャートのダマシを避けるには

チャートは有用と再三書いてきましたが、常にアテになるとは限りません。**チャートには、ダマシがあります**。チャートも万能ではありません。

では、そのダマシを避けるにはどんな工夫ができるでしょうか。いままでも触れてきましたが、ここでまとめておきましょう。

月足、週足、日足とすべてのチャートで確認

まずは、月足、週足、日足と期間の異なるチャートすべてで確認することです。短期の動きが気になり、日足でよい画を見つけて慌てて買う、といったことをすると、週足では買いサインが出ていなかった、等のことがよくあります。

タイプの異なる複数のチャートで確認

さらには、種類の違う複数のチャートで確認することです。移動平均線で上昇トレンド入りを確認しても、一目均衡表ではまだだったら、一部打診買いにとどめる、等の工夫をします。

また、週足の一目均衡表で遅行線が現物を上抜け、本格上昇トレンド入りを最終確認できたら、最後のダメ押し買いを入れて買い完了とする、といった具合です。

フィットのよい銘柄かどうかを確認

私が気にするのは、その銘柄の場合、過去にはチャートの見方が当てはまってきたか、チャートパターンとフィットのよい銘柄かどうか、ということです。これも、一目均衡表の場合などで銘柄によって差があると思っています。

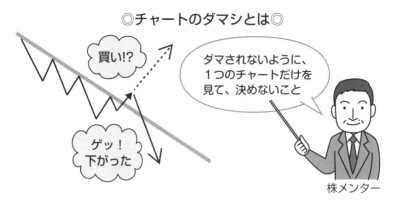

◎ダマシを避けるコツ◎

① 月足・週足・日足で確認する
   日足で買い。でも週足はまだ、など。

② 異なる種類のチャートで確認する
   たとえば、トレンド入りは移動平均線と一目均衡表の両方でチェック。

③ 過去にフィットがよかったかを確認する
   いままでのそのチャートが効いていたか、過去のチャートをチェック。

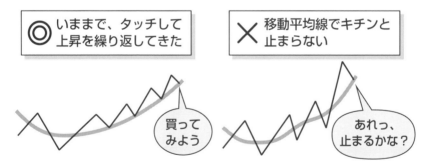

　多くの銘柄を見て、過去に当てはまりのよい銘柄があれば、その銘柄を選ぶこともあります。チャートに対する信頼度が高いと思われるからです。

　みなさんも、少しでもダマシにあわないように、いろいろと確認しながらチャートを使いましょう。

37 チャートの勉強のしかたと参考になる図書・サイト

参考にしたいおススメ図書

この本では、チャートの見方の入口しかお伝えできません。チャートについては、もっともっと勉強してほしいので、その際に参考にできる書籍などを紹介しておきましょう。

● 『チャートの鬼　改』…読みやすくて説明も的確であり、最適なチャートの入門書といっていいと思います。
● 『酒田五法は風林火山』…ローソク足の見方ならこの本です。ただし古い本のため、多少難解なところがあります。
● 『先物市場のテクニカル分析』…プロも使う、テクニカル分析の総まとめといっていい決定版です。本気で深く学びたい人にはお勧めします。
● 『週刊ゴールデンチャート　週足集』…上場銘柄の週足集で、毎週土曜日の発行です。私も新人の頃から30年、ずっとお世話になっています。トレンド線を引くために、いつも定規を手元に置いて、イイ画を探します（超アナログの世界ですね）。

参考にしたい無料サイト

チャートは、**キレイなグラフで見ないと、印象が大きく異なり、的確に判断できません。**縦長の表示だと見やすいです。

個別銘柄のチャートがキレイに見られるサイトで、私がふだん利用している無料サイトは「kabutan.jp」です。

視覚的に見やすい画で、日足、週足、月足、年足まで自在に確認することができます。企業の開示情報や決算情報等についてもわかりやすく、使い勝手のよいサイトだと思います。

さらに、トレンドラインを引く等、チャートの厳密な分析をする

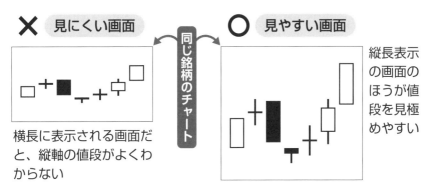

◎チャートを見る画面は縦長表示で◎

✕ 見にくい画面　　同じ銘柄のチャート　　〇 見やすい画面

横長に表示される画面だと、縦軸の値段がよくわからない

縦長表示の画面のほうが値段を見極めやすい

際には、私は「INVESTING.com」という無料サイトを利用しています。各指標や銘柄のチャートをまず表示させ、"チャート"タブからストリーミングチャートを表示させると、トレンドラインを引く等のチャートの加工、分析ができます。

　私が主宰する株メンターサイトで毎日掲載するコラムに使うチャートのグラフや、私のセミナー教材のチャート分析などでは、このサイトの機能をよく利用しています。

🍶 アテになるもの、ならないもの

　株式投資ではチャートが最もアテになるので勉強すべき、と説明してきましたが、逆にアテにならないので勉強すべきでないこともあります。

　その典型は、現代ポートフォリオ理論（ＭＰＴ：モダン・ポートフォリオ・セオリー）です。現代ポートフォリオ理論は、証券アナリスト資格の試験科目でもありますが、試験を受ける人以外は、本気で学ぶ必要はないと思います。実戦で役に立たないからです。

　私は若い頃、さんざんＭＰＴを勉強しました。理論そのものに矛盾はないと思いますが、理論の前提が現実離れしているのです。だから、実際にこの理論にもとづいてリスク管理をすると、想定外のリスクに見舞われることになり、相場の急変動時等には対応しきれ

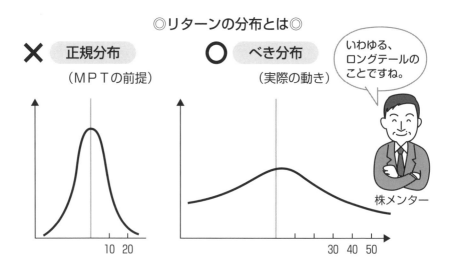

◎リターンの分布とは◎

✕ 正規分布
（ＭＰＴの前提）

◯ べき分布
（実際の動き）

いわゆる、ロングテールのことですね。

株メンター

10 20

30 40 50

ないのです。

　しかし現在、多くの機関投資家等はこの理論にもとづいて資産運用のリスクコントロールを実際に行なっています。これに代わる資産運用のリスクコントロール理論が、存在しないためだと思われます。もう少し説明すると、この理論で想定しているリスク（市場の変動）以上に実際の市場では大きく動くことがよくあり、それを前提としていない当理論でのリスク管理には限界がある、ということです。

　ちなみに、前提として投資リターンは正規分布すると考える当理論に対し、実際は「べき分布」する、ということが物理学者による市場の実証研究によって証明されています（詳細な説明はこの本では割愛します）。

　現代ポートフォリオ理論を勉強するくらいなら、『経済物理学の発見』という本を読んで、経済物理学の分野について知ってください。金融市場とはそういう世界なのか、と目からウロコの発見があります。新書判だから手軽に読めますし、投資にも大いに役立ちますので、おススメします。

　なお、買う前に決める「量」については、次の４章で説明します。

4章

株を買う手順と
注文のしかた

株を買う時のやり方と、その際に知っておきたい注意点をいくつかアドバイスしましょう。

いよいよ、株の買い方ですね。難しくないといいのですが…

株メンター

初香さん

投資金額はどのように決める？

株式投資で大切なことは？

　ここまで、株式投資では銘柄をよく知るだけでなく、売買のタイミングをとらえるチャートを学ぶことが不可欠だと説明しました。

　株式投資では、さらにもう１つ大切なことがあります。それは、投資量、つまり投資金額についてです。株式投資をはじめ、すべての投資におけるリスクコントロールは、投資量、つまり投資金額のコントロール、資金配分で行なうことができます。

量とタイミングが株の命

　投資金額は、投資の成果にとってきわめて重要です。「**株式投資は、量とタイミングで決まる**」のです。**銘柄だけで投資成果が決まるのではありません**。これが、"株メンターの株式投資の極意"です。

　銘柄だけわかっても、儲けを大きくできるわけではありません。銘柄より、量とタイミングのほうがむしろ重要です。タイミングに応じて、量をどう調節するか、ということです。

　よい銘柄でも、ごく少量しか持っていなければ、いくら株価が上がっても儲けは少ないです。また、すぐに売ってしまえば儲けは少ないのです。

　タイミングを測りながら投資額を決めることは、非常に重要な投資のプロセスです。ファンドマネジャーなどプロの運用者の力量とは、銘柄選びだけでなく、この２

コード　　　銘柄名	① 株数
6758　ソニー	100
7203　トヨタ	100
8113　ユニ・チャーム	200
9433　KDDI	200
合計	

「株式投資は、量とタイミングで決まる！」
銘柄だけでは成果は決まらない

つの調節の技量のことをいいます。

🌱 最低売買単位を確認する

　投資する銘柄を決める時に、まず最初にチェックすることがあります。この銘柄は最低いくらで買えるか、つまり最低売買単位です。

　たとえば、任天堂は単位株が100株、つまり100株が最低売買単位です。いまは1株約4万円もするので、1単位＝100株を買うには最低でも約400万円が必要になります。仮に、株に投資できる資金が全体で500万円としたら、任天堂を買うと残りは約100万円で、資金全体の8割が任天堂1銘柄となってしまいます。

　これでは分散が効かず、バランスが悪いですね。全体のバランスがうまく取れるか、という観点からも、最低売買単位の確認は重要です。資金総額が500万円の場合、任天堂へは投資するべきではないと思います。

◎銘柄ポートフォリオの例◎

② 株価 購入価格	③ 時価	株価 上昇率	④＝①×② 購入金額	構成比	⑤＝①×③ 時価金額	構成比	⑤－④ 評価損益
6,000	6,500	8%	600,000	22%	650,000	24%	50,000
7,500	6,500	-13%	750,000	27%	650,000	24%	**-100,000**
3,600	4,000	11%	720,000	26%	800,000	29%	80,000
3,300	3,200	-3%	660,000	24%	640,000	23%	**-20,000**
			2,730,000	100%	2,740,000	100%	10,000

❀ 投資金額の決め方…3〜5銘柄に配分

　買う前から、最終的にどのくらい買うのか、銘柄ごとの投資金額は必ず決めておきます。

　全体の資金量、そして銘柄の最低売買単位も確認しながら、何銘柄にバランスよく投資できるかを考えます。まずは3〜5銘柄程度に分散投資することを考えましょう（前ページの表を参照）。1銘柄に全額を投資するのは論外です。極端な集中投資はバクチと同じです。最低でも3銘柄には投資することをお勧めします。

　一方で、資金に余裕のある人でも10銘柄以上に投資するなどはやめましょう。投資先が多過ぎます。フォローしきれないし、多くの銘柄に分散すればより成果を狙えるわけでもありません。あれもこれもと勧められて手を出し、気がついたら10銘柄以上などということはよくありますが、5銘柄程度に絞り込んでください。

❀ 自信度に応じて配分を調節

　たとえば、100万円で5銘柄に投資する場合、最低売買単位の関係もあり、ちょうど20万円ずつ5銘柄揃えるのは難しいと思いますが、できれば1銘柄で30万円程度が上限です。一方で、最低でも1銘柄10万円くらいは配分したいところです。

　自信がある銘柄は少し多めに、など配分割合を調節しましょう。たとえば1銘柄で全体の50％以上などは避けるべきだと思います。

❀ 多めに選び、絞り込みはチャートで

　最終的に5銘柄を組み入れる場合でも、投資候補として選ぶのは、少し多めの8〜10銘柄くらいがよいと思います。そのなかから、チャートを見比べて、投資タイミングがちょうどきた銘柄を順次組み入れるという方法で、好タイミングな銘柄から順に5つを投資すればよいのです。8〜10銘柄程度を選んでおいて、実際に投資するのは5銘柄程度に絞り込むイメージです。

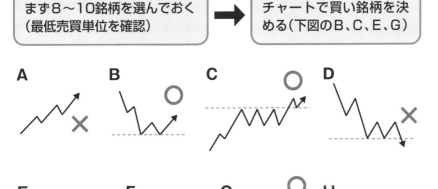

◎銘柄の量＝投資金額の決め方◎

- 最低売買単位を確認する
- 3～5銘柄程度に配分する
- 自信度に応じて配分を調節する

まず8～10銘柄を選んでおく
（最低売買単位を確認）

→ チャートで買い銘柄を決める（下図のB、C、E、G）

A ✕
B ◯
C ◯
D ✕
E ◯
F ✕
G ◯
H ✕

　投資を続けていれば、うまく値上がりして売却する銘柄もあると思うので、後に銘柄を入れ替える際に、その候補銘柄から選ぶこともできると思います。

一度に全銘柄を同時に買い揃える必要はない

　5銘柄と決めると、一度にすべてを買ってしまう人が多いのではないでしょうか。でも、それはいけません。

　5銘柄が最終形としても、最初に買うのは2銘柄だけで5銘柄揃えるのは2年後でも一向にかまわないのです。それぞれの銘柄で、チャートを注視しながらベストタイミングを探しましょう。

39 3つの分散──金額、タイミング、業種

分散とは金額の分散だけではない

　株式投資に必要な分散について、もう少し触れたいと思います。

　株式投資の分散投資とはふつう、銘柄・金額の分散のことをいいます。これについては前項で説明したとおりですが、さらに分散すべきことが他に2つあります。

タイミング分散…買いは3回に分けて

　1つは投資タイミングの分散です。1つの銘柄に投資する場合でも、できれば3回程度にタイミングを分けて買いたいところです。

【1回目の買いは「試し玉」】

　1回目は、試しに買ってみる、いわゆる「打診買い」です。もし買った後で"あっ、違うな"と感じたら、即この時点で損切りして買い直すこともできます。金額が少ないので、損の額も小さいです。

　小さく損切りしても、出直して安い値段で多く買うほうが、後で成果が大きくなるのではるかに有効です。この「試し玉」の活用は運用者にとって重要なスキルで、私はいつもやっていました。

【2回目の買いは「底値買い」】

　2回目は、大底を狙う買いです。チャートとにらめっこして、ベストなタイミングを見計らいます。

　ただし、大底をピタリと当てることなど不可能なので、底値と思ったところで動くことが大事だと思います。1回目よりは下の値段で買えるといいですね。これは、いわゆるナンピン（後述の132ページ参照）ではありません。

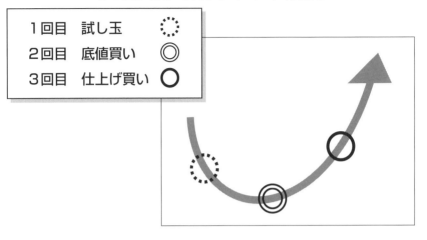

◎3回に分けて買うタイミング分散◎

1回目	試し玉	⭕(点線)
2回目	底値買い	◎
3回目	仕上げ買い	⭕

【3回目は底入れ後の「仕上げ買い」】

　大底を見て、その後、株価が上昇に向かう気配が見えた時、これが安く買う最後の機会になる、という思いで3回目に買い乗せます。ここで当初の想定金額をきちんと買い切ります。

　ちなみに、売りの場合は、場合によっては1回で全売りもありです。

　損切りの場合は、一定の価格を下回ったら即、成り行きで全売りですし、利食い売りの場合も、下げるときは株価の動きが比較的早いため、一気に全売りもありです。売り上がりができる場合は、3回程度に分けて売りましょう。

　私は、売りも買いも早めにしてしまうところがあります。"踏ん切りがつかず判断が遅れて後悔する"のが嫌だからなのですが、待つのは本当に難しいですね。

🌱 業種分散…極端に偏らない

　もう1つの分散は、銘柄のタイプについて極端に偏らないほうが望ましいということです。タイプとは、その銘柄の業種です。

◎買い銘柄の業種分散とは◎

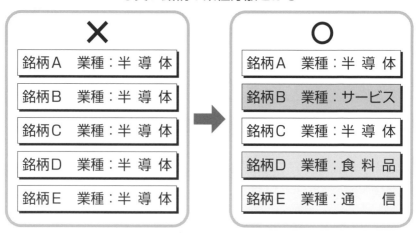

　5銘柄を買う場合に、たとえば半導体産業が非常に有望だと思っても、半導体関連の銘柄ばかり4～5銘柄も買うのはいかがかと思います。

　もし、自分の読みが間違っていたら全滅なので、半導体のような外需系の業種を多めに買うなら、一方で内需系のサービス、小売、情報通信等の業種も少なめに組み入れてみる等の分散を考慮すべきです。

　またたとえば、利益変動の激しい半導体等のオフェンシブ業種に対し、相対的に利益変動の小さい公益等のディフェンシブ業種をブレンドする、などの分散もありでしょう。

40 株式を証券会社に発注するまでの手続き

🌱 株は証券会社を通して買う

　証券会社に株を発注するまでの手続きについて整理しておきましょう。

　株の売買は、証券会社を通じて行ないます。株式投資を始めたい人は、まずは**証券会社に口座を開設**しましょう。

　口座を開設するのは無料です。どの証券会社がよいかわからない人は、まずは手数料の少ないネット証券会社に口座を開設してみましょう。インターネットで各証券会社のサイトから手続きができます。

　なお、口座を開設しても、必ずしもお金を入れておく必要はありません。営業メールなどは多少増えるかもしれませんが、遠慮なくタダで開設しましょう。

◎株を買う手続きの手順◎

1. **証券会社に口座を開設**
   （無料。各社サイトから開設可能）

   ↓

2. **証券会社の口座に入金**
   （銀行口座から振込み）

   ↓

3. **証券会社サイトの注文画面で株数等を入力**

株は証券会社を通じて買います。

株メンター

◎どの証券会社にする？…選び方のポイント◎

手数料が安い

たとえば、ネット証券など

情報が充実

たとえば大手証券会社は、有力アナリストが在籍し、銘柄レポートの質もよい

証券会社の選び方

株メンターは、特定の金融機関と接点を深く持つことをしないよう心がけているので、具体的な会社名をあげてお勧めすることはしません。

しかし、証券会社を選ぶ際には、以下の2つの基準があると思います。

【①手数料が安い】

いまは、取引手数料自由化の時代です。そして、各社の競争は極限まで達し、手数料ゼロの時代に向かいつつあります。

でも、手数料が存在する以上、1円でも安いに越したことはないので、手数料率を比較のうえ、安い会社を選ぶのが1つの方法です。実店舗を持たずに手数料率の低いネット証券がお得なことが多いです。

【②情報提供が充実】

証券会社に口座を開設すると、その会社のリサーチ機関の発信する情報が無料で閲覧できます。アナリストの銘柄レポートやエコノ

ミストの経済・金融レポートなどです。

　大手証券では、プロのアナリストがそれぞれ各業種を担当しているので、銘柄レポートの中身も充実しています。情報収集だけのために、ほとんどの大手証券で口座を開設している人もいるくらいです。

　さらには、便利な投資情報や分析ツールをサイトで提供している証券会社も多いです。保有する銘柄の管理だけでなく、銘柄選択の際に役立つ銘柄ランキング情報や、条件に合った銘柄を選び出すスクリーニング機能をサイトで提供する証券会社等もあります。

証券会社の口座に入金

　実際に売買を始める際には、まず証券会社の口座に入金します。もちろん、銀行振込みも可能です。

　証券会社の口座への入金が確認できたら、株式の売買注文が可能になります。

証券会社サイトから注文可能

　実際の売買の注文は、各証券会社のサイトから可能です。銘柄、株数、発注方法（指値か成行か）等を入力します。

　昼休みにスマホで注文、といったことも多くの証券会社で可能なわけです。

41 売買注文の発注のしかた

この項では、実際に売買の注文を出すときの方法と注意点について取り上げてみましょう。

投資タイミングを分散する

売買注文をする際には、注文株数を決める必要があります。一度に売買する株数は、特に「買い」については、前述したようにタイミングを分散することをお勧めします。

できればすべての量を3回以上に分けて、そして買う日も分けて注文するほうがよいと思います。

ベストのタイミングで一度にすべての量を買い切るなど、そうそうできるものではありません。

注文は成行で

注文は、基本的に成行（なりゆき）で行なってください。

「成行注文」とは、買いならば市場に並ぶ売り注文の板にぶつける形で発注する方法で、売り板があれば、注文した瞬間に売買が成立します。

"少し待っていれば、株価だから下げることもあるだろう"と欲張って「指値（さしね）注文」（値段を決めて注文する方法）を出し、結局、買いたいのに株価が下がらず買えずじまい、ということがよくあるからです。

1円、2円を欲張らないことです。買いだと思った時に、キチンと買い切ることは、きわめて重要なことです。

指値注文は、上級者のすることです。私の場合、注文はいつも成行でした。指値はほとんどしたことがありません。

◎株を買うタイミングとは◎

板		
売	**買**	
11,000	1,005	
6,000	1,004	
7,000	1,002	
13,000	1,001	
	1,000	9,000
	999	20,000
	997	6,000
	995	30,000

1,000株を買う場合

995円で買いたいわ。

いまの板なら1,001円で買えます。

初香さん

えー、安く買いたいですよ。

株メンター

1,000円の株を5、6円ケチったって大差ないんですから！

995円で指値は？

ダメ！　成行で注文。まだ初心者なんだから。

買いたい時に確実に買うことがとても大切なんです。

わかりました。

　株は、量が勝負のポイントです。**買いと判断したら、必ずそのときにすべての量を買い切ることがいかに大切か**ということです。

　1円、2円を欲張り、タイミングを逃す経験をしたら、ホントに買い切る大切さを痛感します。経験者でなければ、こういうことは身に染みません。

🥬 注文は板情報を確認しながら

　市場に出されている注文は、値段ごとに株数を確認できます。場中は売り買いの注文量が瞬間瞬間で目まぐるしく変化するのですが、この注文状況表を「板」といいます。

　リアルタイムで変化する板情報は、証券会社の注文サイトなどで確認できます（板情報のわかる証券会社のサイトで注文しましょう）。実際に注文する際は、板に注文が並んでいるのを確認してから、成行で注文します。

　場中に板を見ながら注文する余裕のない人は、寄付（よりつき）前までに成行注文を入れておきましょう。その日の寄付き値段で売買できます。

　繰り返しますが、指値注文は、「この値段でなかったら、売買できなくても全然かまわない」という時以外は、控えるべきです。

🥬 「ナンピン」は禁止

　買い注文で避けるべきなのが、「ナンピン」（難平）です。

　ナンピンとは、たとえば、平均の買い値段を下げたいために、株価が下がったときに必要以上の株数を買うことをいいます。

　買ったあとに株価が下がり、その銘柄はもう売ってしまいたいと気が変わり、だけどいま全売りすると損が出るので、戻った時にすぐ売れるよう平均の買い値段を下げるために安値で不要な量を買い増す行為です。

　ナンピンは、きりがありません。株価が下がり続ければ、買い増しが際限なく続く可能性もあります。ナンピンは、損切りできない人、損切りしたくない人がする行為なのです。

　買った銘柄が下げたら、試し玉の注文の場合を除き、それは買いタイミングを間違えたということです。潔く損切りを早めに行ない、下げたところでまたその同じ銘柄を買い直してください。

　ちなみに、ナンピンと（試し玉後の）買い下がりは違います。ナ

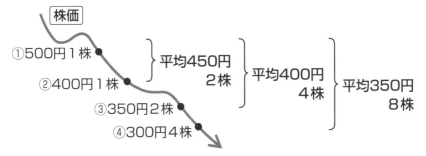

◎ナンピンは危険！ の例◎

株価

① 500円1株
② 400円1株 ─ 平均450円 2株
③ 350円2株 ─ 平均400円 4株
④ 300円4株 ─ 平均350円 8株

株価が500円から300円に下がるなかでナンピンを行なうと…

①500円で１株買いからスタート

②400円で１株買い増し → 平均450円×２株
…… ▲100円の評価損

③350円で２株買い増し → 平均400円×４株
…… ▲200円の評価損

④300円で４株買い増し → 平均350円×８株
…… ▲400円の評価損

**下値で買い増すナンピンは、リスクを高め、かつキリがない。
評価損は確実に増えている！**

ンピンは、当初決めた量以上に買う行為で、買い下がりとは、買い
たい銘柄が下げた場合の２回目以降の買いです。たまたま最初の買い
より株価が下がっている場合、のことです。

　つまり、買う前に「買う株数を決めておく」ことが大切になりま
す。

株メンターが選ぶ、相場格言

　株に投資する人にとって、相場格言とは行動のよりどころであり、心の支えです。いくつか文中でも触れていますが、株メンターがよいと思う言葉をまとめて紹介しましょう。

● **「温故知新」「歴史は繰り返す」**…故（ふる）きを温（たず）ねて新しきを知る。未来を予想するには、過去に学ぶこと。先人の叡智であり、運用者の鉄則。ノーベル賞を受賞された吉野彰先生は「歴史とは未来予知学問」と、その大切さを強調。投資家は歴史と哲学を学ぶべきと説くのは、冒険投資家ジム・ロジャーズとヘッジファンドの帝王ジョージ・ソロス。

● **「頭と尻尾はくれてやれ」**…天井、大底を狙わない。また、１円、２円を欲張らないこと。発注の際は指値ではなく成行で注文。

● **「人の行く裏に道あり花の山」「麦わら帽子は冬に買え」**…みんなと同じことはしない。他人と同じことをしたがる日本人が苦手なこと。成功する運用者は孤独。

● **「見切り千両」**…見切るのは千両に値する。間違いを認め、自ら見切ることの大切さ。

● **「意地商いは破滅のもと」**…相場に見栄は不要。投資で他人と競争してはいけない。

● **「待つは仁」**…待てずについ動いてしまう。早まって安易に手を出し、傷を広げる。待つのは、実に難しい。

5章

リスクコントロールと
管理のしかた、売り方

実は、株式投資で一番大切なのは、買った「後」なんです。じっくり読んでください。

そうなんですか。これも買う前に知っておいたほうがいいわけですね。

株メンター

初男くん

42 株式投資で大切なのは、買った後！

なぜ、買った後が大切なのか

　前章までで、株を買うまでに何をするかについて説明してきました。株を買うまでにはどうしたらよいのか、と考えたり悩んだりする人は多いです。「銘柄はどれにしようか」「いつ買おうか」…などなどです。

　しかし、株式投資は、「買って終わり」ではありません。むしろ、**買った後にどう管理し、その結果どう売るのかのほうが大切です**。いつ、どのくらい売るのかによって、投資の損益が決まるからです。

　いくつかの銘柄を買った後で、損失より利益のほうが大きくなるように全体の損益を管理するから、最終的に勝ちを残すことが可能になるのです。管理、すなわちリスクコントロールをおろそかにしたら、勝てるものも勝てなくなります。

　買った後の、売るまでのリスクコントロールこそが、株式投資において、投資成果を決定づける最も大切なことです。

◎株式投資で大切なのは、買った後！◎

買い　　　　より　　　　**売り**

・銘柄選択
・資金配分
・タイミング判断

・資金配分
・タイミング判断

リスクコントロール
●損益管理
●金額管理
●メンタル管理

◎株式投資で成功する近道は？◎

まず、**利益** より **損** のコントロール

●大損 厳禁

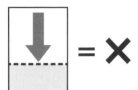

●損の放置 不可
"塩漬け" はダメ！

🌱 損と益は必ず出る！

株を買う前に、損を出すことを考える人はいません。みな、儲かると思うから買うのです。

しかし最終的に、損と益は両方とも必ず出ます。われわれは神さまではないですから、全勝することはあり得ません。

つまり、株を始めたら誰しも損が出る銘柄を抱える、と想定すべきなのです。損をゼロにすることはできない、と考えて株式投資に臨む必要があります。

🌱 損への対応が勝負の分かれ目

問題は、損が出た場合のその後の対応です。この**損への対応が、投資成果に差がつく大きなポイント**です。**株式投資で成功する人と失敗する人の分かれ道**です。

結論としては、「損の額を小さく、利益の額を大きく」する必要があるわけですが、そのために最も肝心なポイントは、いかに利益を伸ばすかよりも、まずはいかに損をコントロールするか、にあるといえます。

誰しも、損からは目を背けがちなのですが、まず損から対処することこそが生き残る道、そして成功への近道です。

🌱 大敗は一度たりとも食らってはいけない！

　投資は、資金を失ったらゲームオーバーです。取り返す機会を失うからです。

　株などのハイリスク投資で気をつけなければならないことは、全資金の半分以上を失うような大敗、大損は、一度たりとも食らってはいけない、ということです。

　大敗だけは、絶対に一度も食らわないよう損益管理をする必要があるわけです。

🌱 損を放置してはいけない！

　また、損を放置してはいけません。

　損が出ているのに、"いつか戻るだろう"と放置している銘柄のことを俗に"塩漬け"銘柄と呼びますが、これはダメです。資金の回転も悪化し、精神的にもよくありません。

　覚悟を決めて、損を出してもそれを整理しましょう。

　これができない人は、株式投資はやめましょう！

株に向く人、不向きな人

🌱 つい逆のことをしてしまう…

　あなたの素朴な気持ちをうかがいます。あなたは、株を買って少しでも値上がりしたらどう思いますか？

　すぐに売って、利益を確定したくなりませんか。株だからすぐに値下がりして儲けがなくなってしまうかもしれない、と…。

　逆に、値下がりしたらどうでしょう？　売って損は出したくないし、株だからまた戻るかもしれないので、とりあえずは様子見で…。

　利益は確保したいし、損失は回避したい、その気持ちがこのような投資行動につながります。

　しかし、考えてみてください、こんな気持ちで株式投資を続けていて、果たして儲かるでしょうか？　このやり方では、利益は毎回小さく、そして損は大きく拡大する可能性があります。

　これでは、損の額より利益の額を多くするのはまず無理でしょう。本当は、「損を小さく、益を大きく」したいのですが、ついつい心情的に逆のことをしてしまうのです。

🌱 「損失回避バイアス」とは？

　近年、新たな経済学の分野が注目を集めています。「**行動経済学**」という分野です。

　人間の行動は、実際には経済面からみて合理的でないことも多いので、その傾向や特徴を知り、経済活動に役立てようという学問です。

　行動経済学の指摘する非合理的な人間の行動の１つが「**損失回避バイアス**」です。利益と損が同じ額でも、利益の喜びより損の苦痛のほうがはるかに大きく感じるため、前述のように、つい目的と逆

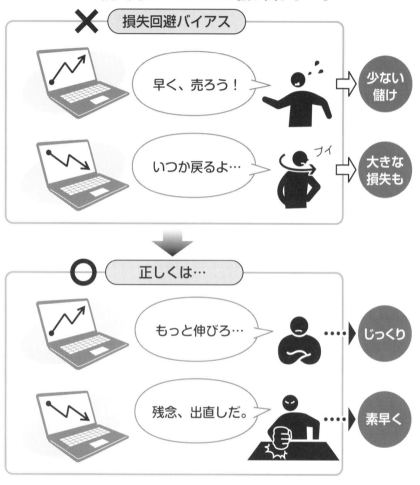

◎損失回避バイアスから抜け出よう！◎

のことをしてしまうことを指します。

　つまり、株式投資で勝つには、この心理的なカベである「損失回避バイアス」を克服する必要があるのです。自分の気持ちと戦う必要があるわけです。

　早く利益を確定したくても、利を伸ばすように待つ。そして、損は放置せず、大きくなる前に損切りする…。

　しかし、これは簡単なことではありません。

44 損切りできない人は、株式投資をする資格なし

🌱 こんな人は株をやってはいけない！

　株に投資する人からは、「損切りだけはしたくない」という声を
よく聞きます。

　「損を出さないように株をやる方法はないのか」などと、わけの
わからないことをいう人もいますし、また「損は実現させずにずっ
と持ち続けると決めた」と言い張る人もいます。

　これでは、どうやっても勝てませんね。

　このような人たちにお伝えします。

　**どうしても損切りできない人、どうしても損切りをしたくない人
は、株をやめてください。**

　そんな人は、**株式投資をする資格はありません。キャピタルゲイ
ン投資をする資格もありません。**絶対に株をやらないでください。

　実は、**損切りは投資家にとって唯一の命綱、唯一のシートベルト**
です。損切りの損は、株式投資の必要経費です。守りがあるから攻
めることも可能になります。

　「守れない人に攻める資格はない」──株で儲ける資格のある人、
株に向いている人とは、「損失回避バイアス」を自分で克服できる
人です。

損切りは、投資家に
とって唯一のシート
ベルト。損切りでき
ない人は、株を始め
てはいけません。

株メンター

少々、言い方が厳しいでしょうか。でも、損は必ず出ます。そして、自分で損の拡大を小さくとどめるしか、資金と自分を守る方法はありません。

🌱 どうしても損を出すのはイヤという人へ

　一方で、損が出るから投資は一切しない、とか、「損が出ない方法はないの？」と聞いてきたり、損がイヤだからタンス預金だけにする、といった人たちもたくさんいます。そんな人たちにも申し上げます。

　リスクのない投資はないし、そもそもリスクのない人生など、ありません。一切のリスクを避けて人生をおくる方法など、ありますか？　みなさんもよくご存じのはずです。タンス預金にもリスクはあるのです。

　人生には、リスクとどう向き合うか、リスクをどう取るか、という選択肢しかありません。

　だからこそ、資産づくりについてよく学ぶことをお勧めします。学んだうえで、タンス預金というリスクの取り方をされるならば、それはそれでけっこうだと思います。私は非効率だと思いますが…。

　投資をいきなり始めるのではなく、まず学びましょう。

　"大の大人がいまさら学ぶなど面倒だ、嫌だよ"と言っている人には、健全な投資はできません。他人に任せても、失敗したら他人は責任を取ってくれません。あなたのお金なのだから、あなたが学ぶしか健全な投資をする方法はないのです。

　損がイヤなみなさんが行なうべき健全な投資は、インカム投資です（16ページ参照）。このインカム投資を長期積立てで行なう方法について学んでくさだい。

45 損切りアレルギーへの対処

「損」は株の必要経費

「損切りはしなければいけないの？　損が大きくなる前に、しかもマメに損切りするの？　それは大変、そんなのメンタルが持たない」という人もいるかもしれません。

しかし、ちょっと考え方を変えてみてほしいのです。損切りで出す小さな損は、株式投資の必要経費です。株で全勝はまずあり得ません。相当数、負けます。つまり、少額の損切りとは、日常的な行為なのです。

あまり重く受け止めず、少額のうちに、気軽に損を出してほしいのです。小さく損切りをすることに、慣れてほしいのです。

大きな金額では、気軽に損切りはできません。そうなる前に**少額の損で出直せるか**、がポイントです。毎回、損を極小にとどめられるなら、負ける回数が増えても平気です。小さいうちに気軽に損切りする感覚に慣れましょう。「いちいちクヨクヨせず、次に取り返すことを考える」に尽きると思います。

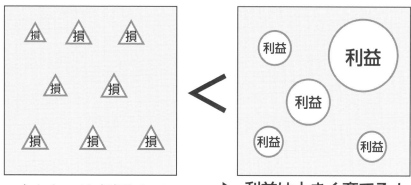

小さくマメに損切りして　➡　利益は大きく育てる！

　私は、まだ新人で駆け出しのときに、いきなり10億円のファンドを預かりました。バブルの最中で、おめでたい時代でした。

　担当数か月で暴落が始まり、ヘッジのために先物を始め、1,000万円の損を出しました。課長に頭を下げましたが、すぐ異動になるかと思いました。

　さらに、Ｊリートでは1人で2,000億円の巨大ファンドを担当しました。儲けましたが、損も出しました。

　いずれの場合も緊張しましたが、すべて経験を重ねるうちに、慣れました（大損を出すことには、慣れてはいけませんが）。

　損切りも、経験を重ねるうちに、慣れてできるようになります。少額の損切りなら、回数が増えても致命傷にはなりません。また取り返せばいいのです。むしろ、マメに小さく損切りするのがベストです。

　取り返すための資金と機会を失わないようにすることが、きわめて大切です。

　最初は、ペーパー売買で練習するか、ごくごく少額の投資で練習してみてください。繰り返し小さく損切りする訓練をすることで、メンタルを克服することをめざしましょう。

　ある意味、損切りは「慣れ」ではないでしょうか。経験を重ねるうちに、少額の損切りならメンタルに大きな負担を感じずできるようになると思います。

　少額の損切りに慣れるとは、見切るスピードを早くする訓練をする、ということです。**よく調べて買うので売りたくないわけですが、でもあまりこだわり過ぎない**、ことです。要は、**ちょっと入るタイミングを間違えた**だけです。マーケットからいったん出て、やはりよい銘柄だと思うなら下がったところでまた買い直せばいいのです。

46

銘柄選択の勝率ってどのくらい？

勝率は平均で４割程度?!

　株式投資で選んだ銘柄が当たる確率は、どのくらいなのでしょうか。セミナー等で聴講者のみなさんに聞いてみると、半分以上当たると答える人は少なく、半分以下との回答が多いです。

　厳密な統計があるわけではありませんが、おそらく平均では50％を下回り、４割程度ではないかと思います。つまり、自分が決めるより、たとえばコインの裏表で決めたほうがまし（？）、ということです。

　熟練した上級者やプロの腕前の人でも、６割以上の平均打率で当たる人は、まれだと思います。70％以上の平均打率で当たる人は、まず世の中にいないのではないでしょうか。

勝率はなぜ低いのか

　少々残念な結果ですが、これには理由があると思います。

　みなさんが銘柄を探すときは、やはり投資すべき魅力ある会社を選ぶと思うのですが、そのような銘柄は魅力があるが故に、株価はすでに上昇し、割高な場合が多いのです。選んだときには、多くの投資家がすでに買い上げた後であることが多いのです。

　したがって、そのような銘柄は魅力がさらに増すことがなければ、上昇を続けることは難しく、一方、少しでも魅力に陰りが生じれば、割高なだけに下落する可能性も高いためだと思います。

プロでも打率はなかなか上がらない

　さらに、プロの経験談をお伝えしましょう。

　以前に私は専門家として、延べ数千の会社を調べましたが、結果

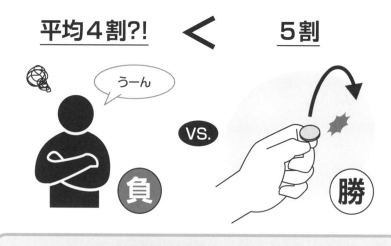

◎投資家の打率はなぜ低い？◎

平均４割?!　＜　５割

うーん

VS.

負

勝

コインの裏表で決めたほうがマシ?!

なぜなら、**優良企業に目が行きがち** ➡ **だから高値をつかみやすい！**

からいえば、経験を積んでも勝率はあまり大きくは上がらなかった
と思っています。20年以上続けても、打率７割は到底無理でした。

　正確に測ってはいませんが、せいぜい５割弱の打率が６割くらい
になった程度ではないでしょうか。これでも、社内外ではある程度、
高い評価を受けてきたのですが…。

　機関投資家の企業調査は、投資候補企業への直接取材をもとに行
ないます。個人投資家とは、この点が大きな差で、やはり企業に関
する情報は多く得られます。

　しかしそれでも、劇的に打率が上がるわけではありませんでした。
どんなに調べるスキルを身につけて情報を集めても、平均打率を上
げるのは相当にハードルが高いことだと思います。

　プロのアナリストなどは、企業や業界のことは非常に詳しい一方

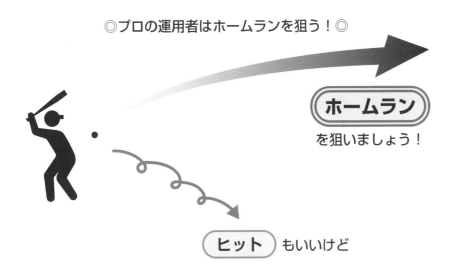

◎プロの運用者はホームランを狙う！◎

ホームラン
を狙いましょう！

ヒット もいいけど

で、銘柄推奨の打率は5割に遠く及ばない人もじつに多い。プロの世界でも、こんなものです。

成績の出るプロの運用者とは

　ちなみに、プロの運用者のなかでうまいといわれる人は、どのように勝つかというと、平均打率が高いというより、当たる銘柄でホームランを打てるのだと思います。

　株価が大きく上昇する可能性のある銘柄を見つけることができ、そして株価が上がる前に十分な金額を配分することができる、資金量の調節の上手な運用者が、成績の出せるうまいプロだと思います。

　あとは、相場の流れを見ながら、ふだんから負けを小さくできることも大切です。ホームランが出ない苦しいときでも、淡々と小さな負けにとどめるということです。

47

究極の勝ちパターンとは

勝率5割以下でも勝つには

　銘柄が当たる確率は半分以下?!──それならば、どうやって勝つのでしょうか。株式投資では、勝てないのでは?

　いえいえ、そうでもありません。投資の勝ち負けのポイントは勝率だけではありません。

　実は、損益の管理を徹底して行なえば、勝率5割以下でも勝つことは十分に可能です。

　勝敗のポイントは、勝率ではなく、**通算の金額**です。トータルで損の額より利益の額のほうが上回れば、勝ちです。

究極の勝ちパターン「4勝6敗」の例

　1つの例を紹介しましょう。4勝6敗、勝率40%でも勝つパターンです。

　右ページのグラフを見てください。プラスが4回、マイナスが6回で10回の勝負は4勝6敗です。でも、金額ではプラス8、マイナス6で、通算プラス2となっています。

　このグラフの最大の特徴は、損の1回当たりの金額が小さく、一定程度以上に膨らんでいない、という点にあります。

　損の回数は多いが、1回当たりの金額が毎回少なく抑えられている、つまり、一定の少額の損が出たら毎回、損切りをしている、ということを示しています。

　一方、勝つ回数は少ないですが、たまに大きめに儲ける銘柄に当たれば、通算して負けの金額を超える利益を得られます。

　前項でもいったように、銘柄を探す際にはクリーンヒットを狙うことも必要ですが、ぜひホームランを狙うこともめざしてください。

◎究極の勝ちパターン「4勝6敗で勝つ」◎

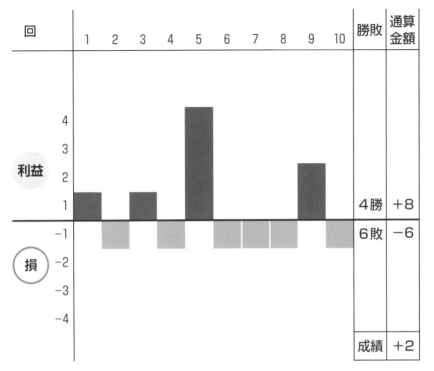

回	1	2	3	4	5	6	7	8	9	10	勝敗	通算金額
											4勝	+8
											6敗	−6
											成績	+2

負けを小さくとどめることがキチンとできれば、勝率が低めでも勝つ可能性が広がります。

48 株式投資での心の持ちようは「君子豹変す」

🌱 昨日まで「買い」でも朝起きたら「売り」でOK

株式投資におけるマインド、気の持ちようとしては、「君子豹変す」の感じで臨むのがよいと思います。

"信念を貫き自分を変えない人"や"頑固な人"などは、キャピタルゲイン投資の場合、痛い目にあいます。

銘柄選択には十分力を注ぐのですが、株に失敗はつきもので、全勝はしません。あきらめも肝心、ということです。昨日まで「買い」と思っていたのに、朝、目が覚めたら急に「売り」でOK。節操なく判断変更してよいのです。むしろ、そうでなければいけません。

誰がやっても損は出るので、あまり重く受け止めないことです。またコロッと変えることは、決して恥ずかしいことでもありません。

言い換えれば、「謙虚と信念のバランス」といえるかもしれません。勝負師、羽生善治棋士の言葉です。

人生において信念を貫くポリシーをお持ちの人も、株式投資の際には、ノリを変えて機敏に柔軟にいきましょう。

🌱 同じ銘柄で、損を出して買い直す

非常に妙味がある銘柄だけど、買いのタイミングが悪く、下がってしまう場合があります。売りたくないという気持ちがあるでしょうが、いったん小さく損を出してマーケットから出てください。

そして、再び同じ銘柄をより安い値段で買い直すのです。ちょっと買うタイミングを間違えただけなので、マーケットに入り直せばいいのです。これは、けっこう重要な行為です。それができるか、が株で儲けられるか否かの1つの分かれ目です。

「なんで損を出してまで売るの」と思うでしょうが、買値を下げ

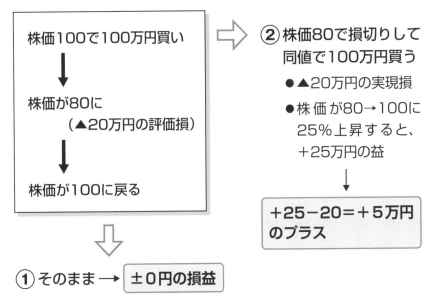

◎同じ銘柄で、損を出して売った後に買い直す効果◎

株価100で100万円買い

↓

株価が80に
（▲20万円の評価損）

↓

株価が100に戻る

⇨ ②株価80で損切りして
同値で100万円買う

● ▲20万円の実現損

● 株価が80→100に
25％上昇すると、
＋25万円の益

↓

＋25−20＝＋5万円
のプラス

①そのまま → ±0円の損益

たほうが、大きく上がったときに上昇率が高くなり、儲けが大きく
なるからです。売った後で意外に大きく下がり、安く買い直せるか
もしれません。

　たとえば、株価100で買った銘柄が80に下がり、また100に戻る場
合、そのまま保有し続ければ損益は0に戻るだけですが、80で損を
出して売却し、当初と同金額を80で買い直すと、損益ではプラスと
なります（上図を参照）。

チャートでタイミングを測る大切さ

　株式投資では、やはりタイミングを測る力、チャートを見極める
力が必要不可欠です。損益管理、リスクコントロールの観点からも、
チャートを見極めるスキルはきわめて重要です。

　何度も繰り返しますが、チャートを勉強して売買のタイミングを
測る感覚を磨きましょう。ピンポイントで大底を買うのは無理とし
ても、底値付近で買えたら、ホームランの数が増えます。

49 損のコントロールのしかた

🥕 損切りルールを設けよう

　株を始める際は、とにかく自分なりの「**損切りルール**」を設け、そのルールを守ることを徹底してください。

　実際の行動を見ていると、損切りができずに塩漬け銘柄を多く抱える人が実に多いのです。塩漬け銘柄を持ち続けることは、精神的にもよくありません。

　では、具体的にどのレベルで損切りを行なえばよいのでしょうか。厳密にこの水準が妥当、とはなかなか簡単にはいかないのですが、経験的な感覚も踏まえて、以下に2つの基準例をあげてみたいと思います。

【例①…銘柄の損益率－15％】

　各銘柄で、買値より15％下がったら無条件に損を出して市場から出るようにします。右ページ図に示したように、下げた株価が元に戻るのに何％上がる必要があるか、を考えて私なりにルールを設定しました。

　たとえば、株価が半値に下がったら、元の値段に戻るには株価がそこから2倍になる必要があります。株価が2倍になるのはなかなか大変ですが、15％の下げなら、元の値段に戻るには「100÷85≒1.176」で18％弱上がればよいので、これならハードルはあまり高くないと思います。

　「－15％」ルールが厳しければ、「－20％」でもやむを得ないでしょうが、ただし、元に戻るには25％上昇する必要があるので注意が必要です。

◎「損切ルール」の設定のしかた◎

損切りルール

● 株を始める前に決める

● 自分で決める

● 必ず守る

これは株式投資に不可欠。ルールを守れない人は株を始める資格なし！

株メンター

【損切りルールの設定例】
（総額100万円で20万円の銘柄に投資）

● ルール①
　…銘柄の損益率▲15％
　　20万円×▲15％＝▲３万円で損切り

● ルール②
　…投資金額全体の２％
　　100万円×２％＝▲２万円で損切り

元に戻るのに何%の上昇が必要か
▲10％下がると＋11％
▲15％下がると＋18％
▲20％下がると＋25％
▲25％下がると＋33％
▲30％下がると＋43％
▲50％下がると＋100％

【例②…銘柄の損失額が資産全体の２％】

　ＦＸや先物でのルールとしても見ることのある基準です。資金の総額が100万円なら、１銘柄での損の上限は２万円まで、ということです。

　仮に20万円ずつ５銘柄に投資するなら、１銘柄での損が２万円までということは、株価が買値から10％下がったら損切りします。この例だと、①の－15％より厳しいルールということになります。

　以上、２つの例をあげましたが、可能なら厳しくするのもけっこうです。②のルールで２％としましたが、たとえば１％のほうがよりシビアだと思います。

　ただし１％だと、ちょっとした値動きですぐにルールにヒットし

てしまいます。損切りを頻繁にしなければならないので、手間もかかるし大変です。自分の境遇、どれだけ株に関わる時間的余裕があるか、なども関係すると思います。

損切りルールを守る

　ルールを決めても、いざ実際に損が出るとなると、なかなか手が動かないことがよくあります。つまり、ルールを決めても守れないのです。これは、究極の問題です。決めたら守らないと意味がありません。

　そんなことはわかっているよ、でも、損切りはどうしても抵抗がある…、という人もいるでしょうが、それでも、ルールは必ず守ってください。

　株式投資はある意味、自分との闘いです。自分に厳しくなれるか、が投資家として最後に問われます。

　株式投資で本当に最も難しいのは、さまざまな知識・スキルを身につけることよりも、「**最後まで自分に厳しくなれるか**」ということかもしれません。

50 利益の増やしかた

🌱 利益の金額を増やす３つのルート

　損についてコントロールできたら、次に、儲けを増やすにはどう工夫するかについて考えます。

$$利益 = 勝率 \times 値幅 \times 金額$$

　利益には、３つのファクターが関係します。上記式の「勝率」「値幅」「金額」の３つです。そのそれぞれについて工夫します。

　つまり、利益の金額を増やすには、下図にあげるように、①勝率を上げる、②勝ち幅を増やす、③勝つ銘柄へ多く資金配分する、の３つのルートがあることになります。

①**勝率を上げる** 〜買い方の工夫
②**勝ち幅を増やす** 〜売り方の工夫
③**勝つ銘柄へ多く配分する** 〜配分の工夫

これはすごい。儲けを増やす工夫は要チェックだ！

初男くん

　では、この３つの工夫について以下で詳しく見ていきましょう。

🌱 ①勝率を上げる〜買い方の工夫

　148ページで、銘柄選択の勝率はなかなか上がらない、といいましたが、でもあえて勝率を上げる工夫について考えてみましょう。

　私は自身の経験から、企業調査の目利き力で勝率を大きく上げる

- 余計な売買は極力行なわない
- サインは「放れに付く」
- 多くの銘柄を選んでおき、サインの出た銘柄のみ買う

でも、勝率は上がらないと聞きましたが…

初男くん

株メンター

そうですね。ただし、それは銘柄選択の話。タイミング判断の工夫で勝率は上げられます。

のは至難の業だと思っています。しかし、チャートの使い方とタイミング判断で工夫できるなら、勝率を上げることは可能だと思います。

　大切なことは、**勝てる可能性の高いタイミングでのみ出動する**ということです。トレンドの初動を見つけ、それに付くことが大切だと思います。39ページ図でも触れた「**放れに付け**」です。

　たとえば、長いレンジ相場から上抜けた直後などが出動のチャンスです。あるいは、市場の悪材料を十分織り込み、株価が明確に底を入れ、底離れした直後もチャンスです。

　「逆張り」「順張り」という言い方でいえば、当然、順張りです。なぜなら、逆張りでは打率が低いからです。

　つまり、銘柄選択（企業調査＋バリュエーション）で会社を多めに選んでおいて、そのなかから**チャートで底打ち後の上放れなどが見られた銘柄**だけ、買えばよいということです。

　また、勝率を上げるには、「**余計なことをしない**」ことも非常に重要です。たとえば、少し勝つと気が大きくなり、つい調子に乗ってあれもこれもと余計な売買をしがちですが、これは大けがの元です。マインドのコントロールが、勝率にも関係します。

とにかく、出動するタイミングを厳選し、少しでも確率が高そうなタイミングに限り、出動するよう心がけましょう。

②勝ち幅を増やす～売り方の工夫

続いて、勝ち幅を増やすための、売り方の工夫を２つ紹介します。

【早降りを避ける】

仮に、銘柄を当てても、きちんと儲けが出るかどうかはまだわかりません。すぐ売ってしまったら、勝ち幅を大きくすることはできません。ありがちな早降りを避けるためには、トレンドに乗れたら最後まで付き合って持ち続けることが大切です。

トレンドラインや移動平均線でトレンドを確認し、たとえば週足チャートでトレンド転換のサインが出るまで待ちましょう。ガマンが必要です。早降りして後悔する人も多いので、ぜひ頑張って待ってみてください。

その判断は、日足ではなく**週足で行なう**ことがポイントです。日足チャートを見過ぎると、早降りして振り落とされたりします。

経験のある人とそうでない人の差は、ここで出ると思います。勝率を劇的に上げることは誰にとっても難しいです。たまに大化けする銘柄を見つけて持ち続けることができる人が、株式投資で非常にうまい人だと思います。値動きや出来高等、チャートからも感じ取ってみましょう。

【過熱感と出来高で売りタイミングを測る】

売りのタイミングは、損益が確定するので責任重大です。高値で売るのは難しいですが、一時的な安値で売り叩いてはもったいないですから、株価に短期的な過熱感があるか、同時に出来高が増えているか、などを確認しましょう。

過熱感は「**移動平均乖離率**」で見ます。一般に、個別銘柄は週足で傾向を見るのがよいのですが、目先の売りタイミングを測るには、

◎勝ち幅を増やすには◎

● 早降りを避ける

トレンド転換まで持ち続ける。週足
チャート（13週移動平均線）など
で要チェック。

たしかに、上が
るとすぐ売りた
くなりますね。

初男くん

13週線割れまで
売らないなど、
ガマン、ガマン。

株メンター

● 高値売りをめざす

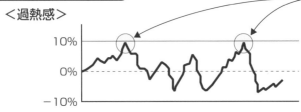

乖離率が
極大で売り！

<過熱感>

<出来高>
「出来高＝相場のエネルギー」だから
出来高のピーク → エネルギーのピーク → 高値！

日足で25日移動平均線との乖離率をチェックするのが１つの目安に
なります。たとえば、過去に－10％～＋10％の範囲を中心に動いて
きた銘柄ならば、＋10％付近まで上昇すれば売りでしょう。
「kabutan」等のサイトで確認できます。

　乖離の拡大とあわせて、**出来高が盛り上がるタイミングが売り時**
です。極端な出来高を伴って上昇したら、売りを出す１つの好機で
す。出来高（売買代金）は、一般に市場のエネルギーを表わします。
短期的にそのエネルギーが極大になる時が、株価のピークとなりや
すいのです。

③勝つ銘柄へ多く配分する〜配分の工夫

最後は、資金配分の工夫についてです。

【基本は等金額配分】

さらに儲ける重要なポイントは、資金量・資金の配分です。上がる銘柄を買っていても、量が少しなら儲けもわずかです。大量に買えれば儲けも大きくできます。具体的で明確な配分ルールはないですが、「等金額配分」を基本として、自信度に応じて銘柄ごとに調整しましょう。

たとえば、5銘柄を買う場合なら、1銘柄で最低でも1割は配分し、自信があれば1銘柄に3割程度配分してもよいでしょう。1銘柄に5割の配分は多いです。

このように、**銘柄ごとのリスクの調節は、資金配分で行ないます。**ただし、明確で具体的なルール等は存在しない世界です。プロの運用者の腕前は、この資金配分のタイムリーな調節で試されます。

多く配分した銘柄で、株価がトレンドを形成しつつ上昇を始めたら、そのままトレンドに付き、過熱感が台頭したら利食い売りをしつつ、徐々に投資比率を下げていきましょう。ピークまで大量に持ち続け、ピークで全売りできれば理想ですが、そううまくもいきませんので。

【ホームランを狙う気概を】

複数の銘柄に投資する際、いつもいずれかの銘柄でホームランを狙う気概を忘れないでください。

業績変化の大きい銘柄で、赤字から黒字転換などを上手に見つけられれば、株価の変化は大きいです。

成長企業がさらに成長を加速するかどうかよりも、**目先の業績の悪い会社がよくなる場合を見つける**ほうが、ホームラン銘柄を見つけやすいかもしれません。見た目の悪い会社ほど売り込まれていて、

◎勝つ銘柄へ多く配分する◎

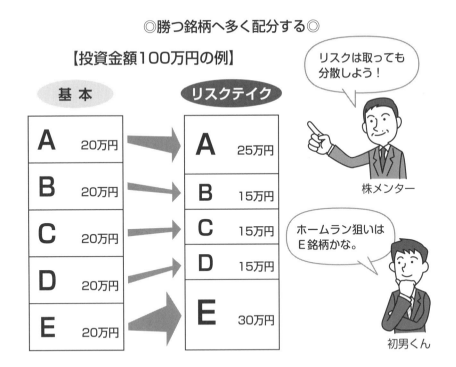

【投資金額100万円の例】

安く買えるからです。成長企業の株価は総じて割高です。

　また、経営方針の大幅変更などで、企業が大きく変わるタイミングもチャンスです。会社側も、自信がある場合には「中期経営計画」などと銘打って、決算説明会などの場で資料付きで、数年後の具体的な業績予想とともに説明します。

　ですから、そのような機会をとらえるとよいと思います。中期経営計画の説明資料などに、会社側の自信度はかなり表われると経験的に思います。

　要するに、"ポジティブサプライズ"を狙うのです。投資家の見方が大きく変わる銘柄を、変わる前に仕込むのです。５銘柄を選ぶとすれば、１〜２銘柄はホームランになるかも、という銘柄を探してみたいものです。

　ホームランの定義については、「株価が２倍に上がる」としておきましょう。みなさんのご健闘を祈ります！

51

日々の管理は
具体的にどうするの？

損益、損益率はスマホで日々チェック

多くの人は毎日、スマホを相当に活用していますね。日々動く株価も、スマホで簡単にチェックできます。ＳＮＳ等のついでに日々、株価も見ましょう。

証券会社のサイトやアプリでも確認できるものが山ほどあるはずです。もちろん、毎日見るといっても、決して短期売買をお勧めするわけではありませんが…。

日々チェックしてほしいのは「評価損益」、そして「損益率」です。損切りルールに引っかかっていないか、の確認は、できれば毎日することが望ましいです。株価は短期で大きく動くこともあり得ますから。

ただし、株価の確認は、１日１回でけっこうです。引け後に、帰宅途中などに見てください。つい場中に何度も見てしまうかもしれませんが、それでは仕事・学業が手につきません。マメに見始める

◎スマホで損益をチェック◎

1日1回、引け後に

勤務中などに何度もチェックするのはＮＧ！

❌ 移動中の電車内でチェック

❌ 職場のトイレでチェック

❌ 歩きスマホはもちろんダメ

と、人によっては中毒になってしまうので、要注意です。

表計算ソフトのシートで銘柄管理

　表計算ソフトを使う場合は、たとえば120〜121ページに例示したように、シートで銘柄管理するのもよいと思います。

　自分で表作成を行なうと、いろいろなシミュレーションが可能になります。たとえば、購入価格に対して損切りする価格（15％下がった価格など）を入力しておけば、あと○％の下落で到達、などと計算し、管理することもできます。

　アプリやサイトによっては、損切り価格等に到達したらＳＮＳ等に連絡が来るアラーム機能が用意されているものもあるようです。これも活用するといいでしょう。

6章

【まとめ編】

株式投資で
成功するためのコツ

最後に、株というものの本質、成功するためのコツをまとめておきましょう！

株メンター

はい。シッカリ頭に入れて株式投資に臨むことにしますね。

初香さん

52 株式投資はスポーツのようなもの

株はスポーツだ！

　株式投資とはスポーツのようなものだ、と私は思っています。

　株を始めるには、たしかに多くの知識があったほうがいいですが、知識だけでは成果をあげることは難しいです。知識だけでは不十分なのです。知識は必要条件ですが、十分条件ではありません。

　株式投資では、知識に加えて「**能力**」が求められます。**知識の活かし方を知り、実際に投資というアクションを自分から起こさなければなりません。**

　わかっているのについ手が動かない、買うことや売ることをためらってしまう、あるいは、待てずにすぐ売買してしまう、などは株ではよくあります。知っているだけではダメなのです。

　必要に応じてタイミングよく、自分から動けなければ、成果にはつながりません。

　つまり、能力（スキル・技量）が求められるわけです。その意味で、スポーツとそっくりだと思います。

　たとえば水泳の場合、教室で手足の動かし方を先生から教わり、その後プールに入るとします。初心者の場合、すぐに水に入って泳げるようになるでしょうか？　やり方を頭で理解していても、実際にそのとおりに水中で身体を動かすことは難しいのではないでしょうか。

練習で能力を備える

　そこで必要となるのが、「練習」「訓練」です。実際にやってみなければ、要領はつかめません。スポーツと同じように株式投資でも、上達するためには練習が必要なのです。

◎株式投資に必要なのは練習と経験◎

学んで
練習

結果を見て
また学ぶ

　株式投資で成果をあげるための能力は、練習をして、経験を積むことで、少しずつ身につくものだと思います。

53 タダで株の練習をしよう

練習するだけならタダ

　株を練習するには、どうすればいいのでしょうか。答はカンタン。お金を使わずにシミュレーションしてみればいいのです。ペーパー売買を繰り返して練習すればいいのです。

　たとえば、いま手元に1,000万円持っていると仮定してください。その1,000万円で5銘柄を買うとします。その際の銘柄を何にするか、いつ買うか、どのくらいの金額を買うか、を決めて、3か月後、半年後の成果を確認してみてください。

　儲かった銘柄も、損した銘柄もあると思いますが、特に損した銘柄について、なぜ損したのか原因を検証し、今後どうすればよいかを考えてみるのです。

　これを繰り返すだけで、相当の学びが得られるはずです。「あぁ、株って意外に当たらないもんだな」とか、「自分は意外に才能があるかも」と思うかもしれません。「売った後に、すごい上がってしまったなー」とか、「本当に買っていたらすごい儲かったのに」と思うこともあるでしょう。

　練習してみると、何を学ぶべきかが明確になります。そして場合によっては、自分は株に向いているかという適性まではっきりわかるのではないでしょうか。実際の投資の際に、本当に損切りできそうか、も感じてみてください。

売買シミュレーションのサイト

　他の人と競い合いながらゲーム感覚で練習したい人には、無料で売買シミュレーションができるサイトがあります。たとえば、「トレダビ」などです。最初に感覚を磨くには、このようなサイトに参

◎ペーパー売買による株の練習のしかた◎
【資金1,000万円で6か月運用する場合】

スタート		3か月後（一度精算）			6か月後		
金額		株価	損益	残額	株価	損益	残額
銘柄A　　600万円		▲15%	▲90万円	510万円	+10%	+51万円	561万円
銘柄B　　100万円		+10%	+10万円	110万円	▲10%	▲11万円	99万円
銘柄C　　300万円		+5%	+15万円	315万円	±0%	±0万円	315万円
計　　1,000万円			▲65万円	935万円		+40万円	975万円

【株ビギナー初香さんの感想】
銘柄Aに自信があり、ベット（勝負）しましたが、3か月後に15%下げ、損切りルールを使って▲90万円の損を計上。この負けが、その後も尾を引いているようですね…

【株メンターの講評】
3銘柄への投資は、分散投資としては最低限の銘柄数で、かつ銘柄Aに全資金の6割を投じるのはハイリスク。4～5銘柄に投資し、1銘柄には最大でも全資金の3割程度がいいと思います。途中で銘柄を入れ替えるのもOKです。いろいろと試してみてください。

加して、楽しく株になじむのも1つの方法だと思います。

❀ ごく少額の資金で実際に売買を

　ペーパー売買によるシミュレーションでは、実感がなくて真剣に

やる気が起きない、緊張感がない、という人もいると思います。そのような人には、ごく少額で実際に売買をしてみることをお勧めします。

　マーケットでは、5万円以下で買える銘柄が500程度はあるので、20万円あれば、そのなかから4〜5銘柄を買うことができます。

　練習のために20万円を出せる人、損が数万円出てもあまり痛くない人であれば、いきなり実践でもよいと思います。証券会社によっては、1日の株の売買金額の合計額が10万円以下の場合、売買手数料が無料となる会社もあるようです。

投資日記のすすめ

　株式投資を続けていると、実は似たような失敗行動を繰り返すことが少なくありません。

　よく調べずに買って失敗したとか、いい銘柄を見つけて慌てて買ったらさらに下がったとか、株価が上がったのですぐに売ったらその後大きく上昇したとか、指値で売れずに損切りの損の額が拡大したとか…、いろいろなことがあるでしょう。

　自分の投資行動を振り返ることは、スキルアップのために大切なことです。売買してやりっ放しでは、投資家として成長しません。

　そこで、「投資日記」を書くことをお勧めします。毎日書く必要はありません。売って損益が確定した際には、儲けや損の額とともに、自分の行動を振り返ったことなどを、文字にして書いてみてください。

　成功したなら、何がよかったのか。銘柄の選択眼があったとか、チャートのタイミング判断がうまくいったとか、損切りの判断が早く損切りルール手前で売却できた、などです。

　失敗したなら、何が悪かったのかを検証します。反省して直すべきところは直す。また、うまくいったら自分をほめて、次も頑張ろうと英気を蓄積してください。ただし、調子には乗らないように…。

　投資日記に、株の売買に伴う感情を落とし込んで、次の売買に向

◎投資日記の効果◎

投資日記をつけて、心をい
つもニュートラルにして、
次の売買へ向かおう！

次の株格言を頭に入れて気持ちを整理しよう
「勝って驕_{おご}らず、負けて怯_{ひる}まず」
「明日もまたここに相場あり」

けて、心をニュートラルにしてほしいと思います。

　負けると自信をなくして手が縮みますし、逆に勝つと有頂天になり管理が甘くなります。新しく相場に臨む際には、**強気・弱気のどちらに傾いていても、よくありません。**

　投資日記に勝敗の結果や反省点などを書きつつ、自分の気持ちを整理してほしいのです。「**勝って驕（おご）らず、負けて怯（ひる）まず**」です。

　そして、私はいつも次の言葉を心で繰り返しています。

「**明日もまたここに相場あり**」

　ヤラれる（負ける）と、後悔したり怯んだりしますが、そんなときは「また気を取り直して、明日、取り返しにいけばいいか」と思うようにしています。

　怯むと、取り返すためのポジションも十分に取れず、精神的にもよくありません。

54 株で成功する近道は？

何を頑張ればよいのか

　株式投資など、資産づくりに関して、熱心に学ぶ人を多く見受けます。素晴らしいことです。

　しかし残念なことに、頑張る努力の対象や努力する方向が正しくなく、頑張っているのに成果が出ない人も多くいるように思います。

　そこで、何について深く知るべきか、何を頑張ればよいのか、ここで改めて整理しておきましょう。

銘柄選択の打率は簡単に上がらない

　銘柄選択では、なかなか簡単に打率は上がらないと思います。初心者だと打率は４割、それが６割の平均打率まで上げられたら大したものです。のべ数千社を調べた経験から、私はそう実感しました。

　投資先の会社を十分に理解することは必要ですが、理解したからといって、それに比例して打率が上がるわけではありません。

　また、調べていてよい会社だとわかると、その会社に愛着が湧いて株価が高くても買いたくなりますし、また売るべき時にも売れなくなったりするのです。

安く買うタイミングを間違えないこと

　株式投資では、株価が安い時に買って高く売ることで儲けますが、会社に変化がなくても株価は大きく動くことがよくあります。つまり、会社を調べるだけでは、儲けることは難しいのです。

　株式投資では、**株価を安く買うタイミングをとらえることが成功への近道**です。タイミングを測る方法を知らずに買うことなど、無謀とさえいえます。

◎成功への近道は、チャート◎

成功への近道

タイミングを間違えずに安く買う

「チャート」でタイミングを判断！

銘柄を当てても、タイミングで間違えることのないように！

株メンター

🌱 チャートを学ぶのが近道

　確実に投資成果に近づくためには、会社が変化しなくてもフラフラと動く株価をタイミングよくとらえるために、やはりチャートを学ぶことです。それが近道です。

　チャートを見ずに売買しようとすると、知らずしらずのうちに市場の雰囲気にのまれて、市場全体が上昇して盛り上がる割高なタイミングで買い、下落して不人気となった下げ局面で売ることになりやすいのです。つまり、つい真逆の行動をしてしまいかねません。

　気分にまかせて割高では買わない・割安では売らないためにも、かならずチャートで売買のタイミングを確認しましょう。

55 市場のクセをつかもう！

🌱 株式市場のクセである「アノマリー」

ここで1つ、いいことを教えましょう。

株式市場の値動きには、季節的な、つまり時期的なクセがあるのをご存じでしょうか。

このクセを「アノマリー」といいます。知っているのと知らないのとでは大違い！　売買タイミングを測る際の参考にしてください。

🌱 代表的なアノマリー

アノマリーとして古くから有名なのは、"1月効果"です。

1月は、特に米国市場の株価が上昇しやすいといわれ、税金の還付があるからだとの指摘もありますが、明確な理由はわかりません。

ところが近年では、このアノマリーの確率は下がっているようです。

🌱 いつ買い、いつ売るべきか

ここでみなさんにぜひ知っておいてほしい、便利なアノマリーを紹介しておきましょう。1年のうち、何月に買い、何月に売るのがよいか、ということです。

過去30年の日経平均の月間平均リターンのグラフを作成すると（右ページの図を参照）、見えてくる傾向は「**9～10月頃に買い、4月末まで保有し、5月に売る**」というものです。

毎年、市場を見ていて経験的に感じるのは、11、12月から1月までは株価が上昇することが多く、4月も上昇することが多い強い月です。3月決算企業だと、4月、10月は半期の始めにあたり、金融機関等が新規にポジションをつくるためかもしれません。

172

◎日経平均のアノマリー◎
＜日経平均の月次騰落率（1990-2019年の過去30年の平均）＞

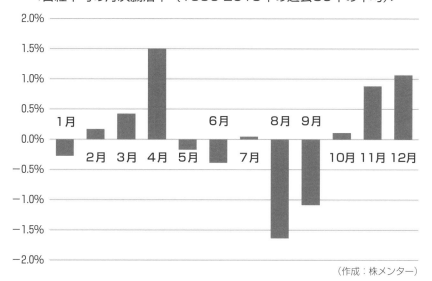

（作成：株メンター）

　一方、8〜9月は下落することが多いです。また、3月、9月は決算月で、期末の売却益確保の売りが月の中旬まで出やすい傾向があります。

　さらに、ゴールデンウイークや正月休みは、日本市場が長い休みに入るので、近年は、その間に仕掛ける動きが出て、荒れた値動きをすることも多く、それを境に市場の雰囲気が一変することがあります。

　個別銘柄も全体市場の影響を大きく受けるので、市場のクセである「アノマリー」をうまくとらえて売買すると、役に立つのではないでしょうか。

　要するに、大勝負できるのは年に1回で、秋に買いに入りGW前に決着させる、というパターンになります。

　まあ、あくまでも過去の傾向ではありますが、あなたも、上手に活かしてみてください。

株式投資というゲームの本質

🌱 株はゼロサムゲーム

　株式投資はゼロサムゲーム――それが、株というゲームの本質です。

　負ける人がいるから、勝てるのです。だから、全員は勝ちません。自ら学ぶ人にのみ、勝つ資格が与えられます。

🌱 8割は失敗。だからこの本を読まなければ…

　株式投資では、投資家の8～9割は失敗するともいわれます。巨額を動かす少数の有能な投資家が、数多くの不慣れな投資家から資金を吸い上げる世界、ともいえます。

　しかしそれは、多くの初心者が、株式投資の正しい方法を知らずに始めるからだと私は考えています。この本で示した内容などを知らずに始めるから失敗するのです。

　大切なことを知らずに始め、成果が出ない個人投資家を少しでも減らすために、私はこの本を書きました。

　より役に立つガイドが必要だとプロのファンドマネジャー時代から強く認識して、もう20年近く経ちます。長年の想いを込めて、少しでも役に立つように30年の経験をわかりやすく披露しているつもりです。遅くなりましたが、ようやくその想いを実現させる機会を得ました。

🌱 株の難しさの本質

　株をやる人の多くがなぜ成果が出ないのか――その理由は、勉強不足や理解不足だけではないです。知識豊富な人でも大敗したりしています。

◎株はゼロサムゲームだ！◎

勝者

これがゼロサムゲームだ！

敗者

敗者がいるから勝者がいる
全員は勝てない

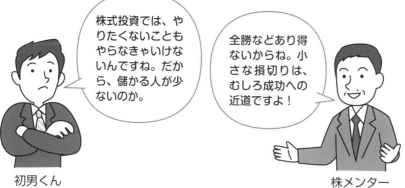

株式投資では、やりたくないこともやらなきゃいけないんですね。だから、儲かる人が少ないのか。

初男くん

全勝などあり得ないからね。小さな損切りは、むしろ成功への近道ですよ！

株メンター

　実は、株式投資で最も難しいのは、自分の気持ちをコントロールすることではないでしょうか。

　株などのキャピタルゲイン投資では、必ず自分のやりたくないことをしなければなりません。「損切り」です。みな、わかっていても、やりたくないのでできない、といいます。

　でも、損切りができない人には、惨事が待ち受けています。だから、絶対に自ら損を出す行為ができなければなりません。わかって

いてもできない損切り、これが最大のハードルの1つではないでしょうか。

　また、利益を伸ばす、つまり値上がりを待つのも難しいです。株価が少し上がると、すぐに売りたくなります。損を小さく、益を伸ばすには、自分と向き合い、時には自分の心とたたかうことも求められます。

株式投資で最後に必要なのは「自制心」

　株の損には、徐々に慣れていきましょう。

　「損は出るもの。でも、小さく小さく出そう」「益がどこまで伸びるか、トレンドが終わるまで放っておこう」──こんなノリで場数を踏むことです。まずは、**小さく損切りできることが、成功への近道**です。

　この本では何度もいっていますが、どうしても損切りできない人は、株を続ける資格がありません。株はやめてください。

　また、損切りできずに現在、“塩漬け銘柄”を多数保有している人も、損を出して株を処分し、投資をやめるべきです。株式投資を続けるのは本当に危険です。損が今後どれだけ増えるかわからないのですから。

　株式投資で勝つために、最後に必要となるのは、損切りルールをつくって守る姿勢、つまり「自制心」だと思います。

57 株で勝つには？

勝つために必要な3つのポイント

本文の最後に、株式投資で勝つために必要な3つのポイントをまとめておきましょう。

3つのポイントとは、「**能力**」「**管理（リスクコントロール）**」、そして「**適性**」です。

それぞれについて、少し詳しく見ていきましょう。

能　力：「（知識＋知恵＋スキル）×練習」

投資は、アクション、行動です。知識があるだけでは、必要な時にうまく動けません。

知識に加え、知識の使い方＝スキルや、工夫のしかた＝知恵なども身につけつつ、好機に動く練習・訓練をしましょう。

「**いいタイミングかも**」と思っても、**意外に、実際には動けない**ものです。

練習により、また経験を重ねることにより、徐々に動けるようになると思います。何度もやってみるしかありません。

管　理：配分、損益、タイミング

株式投資で成果を残すには、リスクコントロール、つまり管理がきわめて重要です。

銘柄をどれにするかだけでなく、どの銘柄にどのくらいの資金を投じるか、つまり、**資金配分や投資タイミングの見極め、さらに買った後の損益管理が不可欠**です。

銘柄はすべて当たることはないので、誰でも損は出ます。したがって、本書で何度も指摘しているように、**損切りルール**が投資家の

◎株で勝つための３つのポイント◎

能　力

（知識 ＋ 知恵 ＋ スキル）× 練習

管　理

配分、損益、タイミング

適　性

特に重要

唯一の安全装置、シートベルトです。

　他に自分を守ってくれるものはありません。損切りルールで出す少額の損は、株式投資の必要経費です。小さく、マメに損を出しましょう。

　株の損は、小さければ回数が増えても問題なしです。ただし、致命的な大敗は一度でも許されません。

🌱 適　性：３つのうち、特に重要

　３つのポイントのうち、特に重要なのが、この「適性」かもしれません。

　いくら知識と能力があっても、自ら間違いを認めて**損切り**することができない人は、決して株式投資で勝つことはありません。

　これも何度もいいますが、いくら勉強だけしても、間違いを認められない人は、必ず失敗します。この点が、最後に勝敗を分けます。

理路整然と、間違える?!

　プロの機関投資家の運用の世界では、我こそはという優秀な人材が集まり、時に難しい理屈をこね回して議論を戦わせ、あくまで合理的に、結論である投資判断を導こうとします。論理的に説明しないと他を説得できないからです。

　しかし、この論理的な思考にもとづく投資判断は、よく間違えます。不思議です。面白いですね。「理路整然と、間違える」ことが実に多いのです!　なぜなのでしょうか。投資理論や経済学の世界では、どうも「べき論」で思考を進めることがかなり多いように思います。これがこうなら、理論的にはあれはああなるべきだ、と考えを進めていくのです。ところが、現実はそうはいかない。

　人は必ずしも合理的に行動しません。感情に左右され、周囲に振り回されつつ行動して判断します。理路整然と考えを進める論理的思考は、他人に対し説得力をもって説明する際には必要ですが、現実の世界や相場の世界では、かえって邪魔になることすらあります。理屈どおりにならないことは多々ありますね。

　論理的思考は左脳で行なわれ、感性や感覚的判断は右脳で行なわれるといいます。投資の世界では、「理屈ではこうなるはずだ」の論理的思考だけでなく、直観・感性も十分働かせて「あれっ、何か違うな」と値動きを感じ取りながら市場と向き合うほうがはるかによい、と経験的に思います。マーケットを見ながら「勢いがあるな」とか「なんか弱いな」と感じ取る能力、感性やセンスというべきものを身につけることは、実はとても大切なことのように感じます。

　運用者で結果を出す人には共通の感覚、ではないかと思っています。本書ではチャートが大事だとかなり強調してきましたが、チャートは絵なので、人により感じ方には差が出ます。より敏感なほうが、得られる示唆も多いと思います。チャートをたくさん見て、センスを磨きましょう。

おわりに

　今回、長年の思いをこの一冊にまとめてお伝えできる機会に恵まれ、ありがたく幸せに思います。

　日頃、自身の学びのために書店で本を探しますが、隣の株の入門書コーナーを見ていて「私ならこんなことも書くのに…」との思いをいつも抱いていました。最初に株の手引を勝手にまとめてみたのは、もう20年も前のことです。

　株のことをよく知らずに始め、失敗する投資家がいかに多く、また株式投資がいかに誤解されているか、ということを絶えず感じていました。

　私が、投資教育者になろうと思ったのも、"株を始める前に、知らなければならないことがある"ということを、多くの人に伝える必要があると考えたからです。

　この本は「いちばん最初に読む本」ですから、とにかく、できるだけわかりやすくすることに注力しました。主婦や学生のみなさんにも気軽に手に取ってもらいたいからです。

　しかし、中身は多少高級なことも含まれています。経験者でも納得していただける部分があるものと期待します。

　この本では、誰もが株を始めるよう勧めているのではなく、株で儲けるためにはこんな工夫も必要になる、ということをまとめています。

　こうすれば100％必ず勝てる、という絶対的手法は存在しません。損を小さく、儲けを大きくする工夫を積み重ねるしかないと思います。そこで、どう工夫するか、その方向性をお伝えしました。

　巻頭の「株式投資の全体の流れ」をもう一度見てください。**大切なのは、買った後**です。

これを読んで、株を頑張って始めてみようと思われた方と、私には株は向かないと思われた方がいると思います。株に向かないと思った方はぜひ、インカム投資から始めてください。投資そのものはやめないでいただきたいです。

　タンス預金だけではもったいない。お金と時間という資産を活かし、誰しもがインカム投資は行なうべきだと思います。

　自分が株に向いているかどうかは、ペーパー売買で試してみればわかるはずです。タダなので、ぜひどうぞ。

　なお、株式投資を実際に始めるかどうかは、ご自身で判断してください。投資は自己責任です、ご自身のお金のことですから。

　では、皆さんの健闘を祈ります。

　最後までお読みいただき、ありがとうございました。

株メンターⓇ　梶井 広行

みなさん、頑張ってください！

初男くん 　（株ビギナー）　初香さん

梶井広行（かじい　ひろゆき）

【株メンター®（登録商標）：メンターとは相談相手】
東京都出身。慶応義塾大学商学部卒。証券アナリスト協会検定会員。三菱UFJ国際投信にて2,000億Jリートファンドの運用責任者（ファンドマネージャー）を務め、モーニングスターアワード最優秀ファンド賞等を受賞。金融機関に営業されず、安心して投資を学べる場が少ないことから、本物のプロが自ら教育の場を創るべきと考え、2018年に投資教育者に転身、独立。現在、セミナー主宰、講師出演、個別運用相談、執筆業に従事。日本証券新聞「株メンターのJリートは100年人生の支え」、FP研究所メルマガ「FP E-PRESS」を目下連載中。

＜URL：「株メンター」サイト：無料コラム連載＞
https://www.kabu-mentor.com
＜Facebookページ「株メンター」＞
https://www.facebook.com/kabu.mentor
＜eメール＞
kabu.mentor@gmail.com

図解でわかる　はじめての株　いちばん最初に読む本
2020年7月15日　　初版発行

著　者　梶井広行
発行者　吉溪慎太郎

発行所　**株式会社アニモ出版**
　　　　〒162-0832 東京都新宿区岩戸町12 レベッカビル
　　　　TEL 03(5206)8505　FAX 03(6265)0130
　　　　http://www.animo-pub.co.jp/

図解でわかる金融のしくみ 　　　いちばん最初に読む本

遠山 眞人 監修　定価 本体 1500円(税別)

　金利・為替の基礎知識から仮想通貨・フィンテックの最新技術まで、金融のしくみの基本中の基本を初めての人でも理解できるように、図解を交えてやさしく解説した超・入門書。

図解でわかるフィンテック 　　　いちばん最初に読む本

和田 茂夫 著　定価 本体 1600円(税別)

　Finance(金融)＋ Technology(技術)＝「FinTech」の新サービスのしくみ、活用法からビジネス・暮らしへの影響までが、親切な図解とわかりやすい解説でやさしく理解できる本。

図解でわかる経済の基本 　　　いちばん最初に読む本

遠山 眞人 監修　定価 本体 1600円(税別)

　景気・為替・金利のしくみから金融政策の役割、経済の動きの読み方まで、経済のしくみの基本中の基本を初めての人でも理解できるように、図解を交えてやさしく解説した入門書。

図解でわかる経営分析 　　　いちばん最初に読む本

久保 豊子 監修　定価 本体 1600円(税別)

　決算書のしくみから会社の収益性・安全性・生産性・成長性・キャッシュフローの分析のしかたまで、経理・会計の知識がない人や数字が苦手な人でもやさしく理解できる入門実務書。

定価には消費税が加算されます。定価変更の場合はご了承ください。